행복왕국 마음 히어로즈 구조대의 대모험

행복왕국

마음 히어로즈 구조대의 대모험

The Great Adventure of Mind Heroes Rescue Team

행복한 랍스타(김승리) 지음

바른북스

이제 여러분들이 마음 히어로즈 용사가 되어,

어둠의 군주 카오스와 그의 부하 빌런들을 물리치고,

잃어버린 마음의 보석들을 되찾아

행복왕국을 회복시켜 주세요.

작가의 말

인생이라는 긴 여행길에서 우리는 햇살 가득한 아름다운 풍경을 만나기도 하고, 예고 없는 폭풍우를 맞아 길을 잃기도 합니다.

마음의 상처와 불안, 우울이라는 짙은 안개 속에서 한 치 앞도 보이지 않을 때, 우리는 홀로 길 위에 주저앉고 맙니다.

이 책은 바로 그런 길 잃은 마음들을 위한 작은 등불이 되고자 쓰였습니다. 행복왕국의 히어로즈 친구들처럼, 우리 역시 저마다의 상처와 아픔을 안고 살아갑니다. 그러나 그 상처를 어떻게 이해하고 다뤄야 할지 몰라 막막해하며, 외면한 채 시간을 흘려보내기도 하지요. 저는 이 이야기를 통해 그 상처를 관찰하고 이해하며, 따뜻하게 보듬을 수 있는 지혜를 전하고 싶었습니다.

넘어진 자리에서 절망 대신 새로운 희망을 발견하는 지혜, 그것이 바로 인지행동치료(Cognitive Behavioral Therapy, CBT)의 따스한 관점입니다. 저는 이 지혜를 마음 히어로즈 친구들의 목소리에 담았습니다.

이 책이 여러분의 인생 여정 속에서 든든한 동반자가 되기를 바랍니다.

상처와 아픔을 외면하지 않고 따뜻하게 마주하며, 마침내 회복과 사랑과 행복이 충만하게 빛나는 길로 나아가시기를 진심으로 응원합니다.

이 글을 읽는 아이들과 청소년들에게

우리 마음에도 이유 없이 찾아오는 검은 안개와 구름 같은 순간들이 있어요. 작은 일에도 불안해지거나 쉽게 속상해질 때, 그것은 잘못된 것이 아니라 마음의 날씨가 변하는 것일 뿐이에요.

이 책 속 히어로들은 각자의 상처 속에서도 잃어버린 마음의 보석을 찾아 나섭니다. 여러분 또한 혹시 잃어버린 소중한 마음의 보석이 있다면, 이 책과 함께 그것을 찾으러 떠나 보세요.

이야기를 읽는 순간, 여러분은 단순한 독자가 아니라 **마음 히어로즈 구조대의 일원**이 됩니다. 힘들 때마다 이렇게 스스로에게 말해 보세요.

"나는 혼자가 아니야. 내 안에도 빛나고 아름다운 마음의 보석이 있어."

이 글을 읽는 어른들께

아이들의 맑은 마음에도 때로는 이유를 알 수 없는 검은 안개가 찾아옵니다. 사소한 일에도 불안을 크게 느끼거나, 쉽게 좌절하고 마음의 문을 닫아 버릴 때, 부모의 마음은 한없이 무거워집니다. 눈에 보이지 않는 아이의 상처 앞에서 우리는 종종 어떻게 말을 걸어야 할지, 어떻게 손을 내밀어야 할지, 어떻게 공감해야 할지 막막해지곤 하지요.

이 책은 바로 그 막막함 앞에 선 부모님과 보호자, 그리고 선생님들을 위한 작은 안내서이자 따뜻한 동반자가 되고자 합니다.

아이와 함께 이야기를 읽으며, 교훈을 주입하기보다 **끝까지 경청하고 공감하는 시간**을 가져 주세요. "튼튼이의 마음은 어땠을까?", "너도 비슷한 기분을 느낀 적 있니?"와 같은 질문은 아이가 마음속 이야기를 꺼낼 수 있는 안전한 문이 되어 줄 것입니다.

또한 이야기 속 개념들을 아이의 현실과 연결해 보아요.

"혹시 네 마음속에도 불안 돋보기가 있는 건 아닐까?"

"우리도 튼튼이처럼 한 걸음만 용기를 내볼까?"

이런 대화는 아이가 스스로의 문제를 이해하고 해결할 힘을 기르는 데 큰 도움이 됩니다.

제5부 마음 돌봄 활동 워크북 파트에서는 부모와 아이가 서로의 마음을 솔직하게 나누는 특별한 시간이 되기를 바랍니다. 어른이 먼저 자신의 경험과 마음을 들려주는 것도 아이에게 큰 힘이 됩니다.

동화 속에 담긴 따뜻한 마음의 지혜 : 인지행동치료(Cognitive Behavioral Therapy, CBT)

『행복왕국 마음 히어로즈 구조대』의 모든 이야기는 현대 심리 상담에서 널리 사용되는 인지행동치료(Cognitive Behavioral Therapy,

CBT)의 핵심 원리를 바탕으로 만들어졌습니다. 인지행동치료는 우리의 감정과 행동이 사건 그 자체가 아니라, 그것을 어떻게 해석하느냐(생각)에 따라 달라진다고 설명합니다. 즉, 독자님들이 쓰고 있는 생각의 안경 렌즈를 깨끗하게 닦아 주어 긍정적이고 바르게 생각할 수 있도록 도와주는 과정을 의미합니다.

생각의 안경 닦아 주기(인지적 접근): 달팽이 튼튼이가 "도토리가 또 떨어질 거야!"라고 생각하고 믿는 것처럼, 아이들은 종종 세상을 실제보다 더 위험하고 부정적으로 해석하는 부정적인 생각의 습관을 갖게 됩니다. 마법사 위즈덤이 불안 돋보기라는 개념을 통해 튼튼이의 생각을 객관적으로 바라보게 돕는 것처럼, 이 책은 아이들이 자신의 부정적인 생각을 자연스럽게 인식하고, 더 건강한 생각으로 해석하고 전환하도록 안내합니다.

용기 있는 첫걸음 돕기(행동적 접근): 마법사 위즈덤이 튼튼이에게 불안과 두려움을 극복하고 딱 한 걸음만 나아가보자고 제안하는 것처럼, 인지행동치료는 감당할 수 있는 작은 시도와 회복의 경험(행동 활성화)을 통해 부정적인 마음과 생각, 믿음을 깨뜨리고 잃어버린 건강한 마음을 되찾고 회복시키는 과정을 매우 중요하게 여깁니다.

이 책은 이러한 전문적인 원리들을 왕국 수호 마법사 위즈덤의 지혜와 마음 히어로즈 친구들의 사랑스러운 모험 속에 자연스럽게 스토리로 녹여 내어, 아이들이 거부감 없이 상처받은 마음을 회복하고 스스로의 마음과 생각을 건강하게 치유하는 힘을 기를 수 있도록 설계되었습니다. 이 책은 치료용 목적의 도서로 제작되지는 않았습니다. 이 책은 인지행동치료의 원리를 적용하여 올바른 마음을 가지도록 교육하고자 하는 교양 목적으로 만들어진 도서입니다. 트라우마, 우울증 등의 치료용 목적의 접근이 필요하신 분들께서는 심리 상담 전문가와 전문의 선생님의 조언과 안내를 받으시길 바랍니다.

목차

회복은 마음에서부터 시작됩니다.

이 책 속 모든 영웅들은 저마다의 상처와 어려움을 안고 있지만, 그것을 외면하지 않고 건강한 방식으로 이겨 내려 노력합니다. 반대로 등장하는 빌런들은 두려움과 불안, 슬픔 같은 어두운 감정들을 의인화한 모습입니다.

저는 이 작은 이야기가 독자 여러분들과 아이들의 마음을 회복시켜 주는 따뜻한 위로가 되기를 바랍니다. 그리고 살아가며 누구나 한 번쯤 마주하게 될 검은 구름과 안개 같은 부정적인 감정들을 건강하게 이겨 내는 힘을 얻기를 진심으로 소망합니다.

이제 독자 여러분을 행복왕국의 히어로즈 일원으로 초대합니다. 그곳에서 히어로즈와 함께 잃어버린 마음의 보석을 되찾고, 우리 안의 행복왕국을 회복하는 특별한 여정을 시작해 봅시다.

제1부 | 프롤로그

행복왕국으로의 초대장

행복왕국과 마인드스톤 (20개의 마음보석)

바다 건너 아주 먼 곳, **이너피스대륙**에는 **행복왕국**이라는 아름다운 나라가 있었습니다. 그곳의 사람들은 늘 건강하고 행복한 마음으로 살아갔지요. 그들의 마음속 행복의 비밀은 왕국 한가운데 놓여 있는 마인드스톤에 있었어요.

마인드스톤은 행복왕국의 고대 현자들과 마법사들이 지혜의 힘으로 만든 마음 정화 장치였습니다. 마인드스톤은 행복왕국의 모든 사람들의 마음을 행복하게 만드는 기능을 가지고 있었기 때문에 왕국에서 가장 소중한 보물이었지요.

마인드스톤의 밝은 빛은 사람들의 마음을 비추어 어려움을 이겨낼 지혜를 주고, 슬픔은 위로하고, 두려움은 극복할 수 있는 힘을 전해 주었답니다. 그 덕분에 왕국의 모든 사람들은 항상 평화롭고 행복하게 지낼 수 있었지요.

그러던 어느 날, 평화로운 행복왕국에 큰 위기가 찾아왔습니다. 행복왕국의 행복과 평화를 시기하고 질투했던, 깊고 어두운 혼돈 속에서 태어난 어둠의 군주, 카오스가 암흑제국의 군단과 부하들을 이끌고 침략해 온 것이었어요.

카오스의 이름은 **혼돈**을 의미했습니다. 그는 미움과 두려움, 슬픔과 같은 어두운 감정들이 합쳐져서 탄생한 **암흑제국**의 **어둠의 군주**였지요. 카오스는 어둠의 군단을 이끌고 행복왕국의 성문 앞에 와서 외쳤습니다. "저 아름답게 빛나는 마인드스톤을 파괴하고 행복왕국의 마음보석들을 빼앗아 오너라!"

카오스의 부하들이 달려들자, 평화롭게만 지내왔기 때문에 전쟁 경험이 없었던 행복왕국의 사람들은 그들을 이겨 낼 수 없었습니다. 결국 행복왕국의 성문은 파괴되었고 카오스의 군대는 성문 안으로 들어와서 모든 것을 파괴하기 시작했습니다. 행복왕국의 사람들은 속수무책으로 공격당했습니다. 마인드스톤 또한 오래 버티지 못했습니다. 결국 쨍그랑! 하는 큰 소리와 함께 20개의 작은 **마음보석** 조각으로 부서지고 말았습니다. 카오스의 부하들은 그 조각들을 재빨리 낚아채 달아났습니다.

마인드스톤을 빼앗긴 행복왕국에는 빠른 속도로 어두운 마음들이 들어왔습니다. 사람들의 행복과 웃음이 사라지고, 마음은 병들어 갔지요. 행복왕국은 점차 폐허처럼 황폐하게 변해 갔습니다.

행복왕국의 **해피니스 국왕**은 행복왕국이 패배했다는 소식을 듣고 큰 충격을 받아 쓰러지고 말았습니다.

해피니스 국왕은 왕국을 지켜 내지 못했다는 자책감으로 인해 병세가 깊어지고 위독해졌습니다. 해피니스 왕은 서둘러 신하를 보내어 왕국의 수호 마법사, 위즈덤을 찾아서 데려와 달라고 명령했습니다.

신하들은 급히 왕궁의 마법학교 도서관에서 지혜를 연구하고 있던 위즈덤(Wisdom)을 찾았습니다.

그리고 왕의 방으로 데리고 왔습니다. 해피니스 국왕은 자신의 목숨이 얼마 남지 않았음을 직감할 수 있었습니다. 위즈덤은 갑작스러운 왕국과 왕의 위기로 인해서 매우 놀랐으며, 슬픔과 고통의 눈물을 흘렸습니다.

왕은 그의 손을 꼭 잡으며 속삭였습니다. "왕국을 수호하는 최고 마법사 위즈덤…. 이제 행복왕국과 마인드스톤을 되찾을 수 있는 마지막 희망은 자네와 자네의 친구들뿐이네. 내 아들, **왕별이**와 함께 마음보석을 되찾고 마인드스톤을 회복시켜 주게…."

그 순간, 위즈덤의 마음속에 어두운 목소리가 들려왔습니다. "넌 약하잖아. 넌 부족하다구. 넌 결코 해낼 수 없어." 카오스의 부하이자 첫 번째 빌런, 두려움을 퍼뜨리는 악당 **프라이튼**(Frighten)이 보이지 않는 곳에서 그의 용기를 꺾고 있었던 것입니다. 프라이튼은 위즈덤의 눈에는 보이지 않는 투명한 연기와 같은 모습의 빌런이었습니다.

위즈덤은 눈시울을 붉히며 외쳤습니다. "국왕님! 저 혼자서는 결코 해낼 수 없습니다. 부디 회복하셔서 저희와 함께 싸워 주세요!"

위즈덤은 두려움에 사로잡혀 국왕의 부탁을 선뜻 받아들이지 못했습니다.

해피니스 왕은 마지막 힘을 짜내어 한 권의 책을 내밀며 속삭였습니다. "**이 지혜의 책**은 왕국 대대로 전해 내려온 왕국의 보물이라네. 전설에 따르면, 행복왕국의 위기가 올 때, 이 책이 반드시 깨어나 용사들을 깨워 함께 싸울 것이라고 하였다네. 진정한 지혜는 모든 걸 아는 것이 아니라, 두려움 속에서도 한 걸음씩 내딛는 용기라네."

"부디… 두려움에 굴하지 말고…, 행복왕국을… 지켜주게…." 마지막 숨결에 담긴 그 말과 함께, 해피니스 왕의 눈은 조용히 감겼습니다.

위즈덤은 떨리는 손으로 책을 가슴에 안으며 중얼거렸습니다. "나처럼 작고 약한 마법사가… 왕국을 구해 낼 수 있을까?" 위즈덤은 너무나도 큰 중압감에 두려움을 느꼈습니다. 그리고 아버지와 같은 국왕의 죽음이 너무나도 슬펐습니다. 그의 슬픔의 눈물이 안고 있던 지혜의 책에 떨어지는 순간, 책에서 밝은 빛이 뿜어져 나오며 올빼미처럼 생긴 친구가 천천히 모습을 드러냈습니다.

"이거 참, 용기가 부족한 친구로군!" 올빼미처럼 생긴 친구가 말했습니다.

"앗?! 깜짝이야! 너는 도대체 누구니?" 위즈덤은 깜짝 놀라 외쳤습니다.

"나는 고대 현자들과 마법사들이 만든 지혜와 지식의 결정체, 바로 지혜의 책이야. 그들은 나를 **와이즈**(Wise)라고 불렀어."

"우와 정말로 지혜의 책이 깨어났다고?! 네가 국왕께서 말하셨던 행복왕국을 위기에서 구해줄 지혜의 책이로구나!" 위즈덤이 말했습니다. "와이즈! 지금 행복왕국은 카오스의 침략으로 인해서 황폐해졌고 마인드스톤은 파괴되어 마음보석으로 조각났고, 그것마저도 다 카오스의 부하들에게 빼앗기고 말았어. 고대 현자들의 지혜를 사용해서 마음보석들을 되찾고, 행복왕국을 위기에서 구해 줘, 제발!" 위즈덤은 울면서 간절히 부탁했습니다.

와이즈가 대답했습니다. "좋아. 당연히 그래야지! 하지만 나 혼자서의 힘으로는 불가능해. 너와 친구들이 함께 나를 도와줘야 마음보석을 모아 그 힘으로 카오스를 물리칠 수 있어."

와이즈는 고개를 끄덕이며 말했습니다.

"내가 보니, 너의 마음속에는 이미 프라이튼이 여러 가지 두려움의 마음들을 심어놓았어. 그래서 네가 쉽게 용기를 내지 못했던 거야. 그러나 이제 우리가 그의 정체를 파악했으니 충분히 이겨낼 수 있을 거야."

"뭐라고? 내 마음속에 이미 두려움이 많이 자리 잡고 있었다고?!" 위즈덤이 놀라서 물었습니다.

"그래 맞아. 그게 카오스의 부하들의 방식이지. 그들의 공격 방식은 우리들의 생각이나 마음속에 여러 가지 두려움을 끊임없이 주입하는 거야." 와이즈가 말했습니다.

"그럼 우리는 어떻게 해야 될까?" 위즈덤이 물었습니다.

"두려움은 그림자와 같아. 등을 돌리면 끝없이 널 쫓아오지만, 용기를 내어 마주 보면 네 발밑에 작아지지. 프라이튼이 마음속에 주입하고 있는 근거 없는 두려움을 찾아내어 약화시키고, 용기의 마음을 집중적으로 강화시켜야 해!" 와이즈가 대답했습니다.

"근거 없는 두려움을 구분해서 약화시키고, 용기의 마음을 집중적으로 강화하라고?! 위즈덤이 물었습니다.

"맞아! 바로 그거야! 무서운 생각들은 진짜가 아닐 수 있어. 용기를 내는 마음을 더 크게 키워 보자. 무슨 말인지 이해했니?!" 와이즈가 말했습니다.

"응! 무슨 말인지 이해는 했어. 하지만 바로 적용하기는 쉽지 않겠는걸?!" 위즈덤이 대답했습니다.

"좋아! 처음에는 어려울 수 있어. 하지만 포기하지 말고 노력해 봐! 그러면 어느 순간 두려움을 이겨 낼 수 있을 거야!" 와이즈가 말했습니다.

와이즈가 위즈덤에게 두려움을 극복하는 방법을 알려 주고 있다는 사실을 뒤늦게 파악한 프라이튼은 더 크고 부정적인 힘으로 위

즈덤에게 두려움을 주입하려 하였습니다.

"겁쟁이 주제에 네가 행복왕국을 구할 수 있다고?! 그건 너 혼자 절대로 해낼 수 없는 일이야. 괜히 위험한 싸움에 휘말리지 말고, 죽은 듯이 조용히 숨어 있기만 하라구." 프라이튼이 말했습니다.

바로 그때 와이즈가 큰 소리로 외쳤습니다. "지금이야 위즈덤! 네 마음속 작은 용기의 목소리에 귀를 기울여 봐! 내가 알려 준 방법을 머릿속에 떠올려! 두려움을 주는 생각들을 약화시키고, 용기를 주는 생각들을 강화시켜야 해! 혼자서는 힘들 테니 내가 지혜의 마법으로 함께 도와줄게!"

위즈덤은 와이즈가 알려 준 대로 근거 없는 두려움을 구별해서 머릿속에서 약화시키고, 용기를 주는 마음에 집중하기 시작했습니다. 하지만 처음 해보는 시도라서 쉽게 되지는 않았습니다. 위즈덤의 마음에는 지금이라도 멀리 도망치고 싶은 생각이 들었습니다. 바로 그때, 위즈덤의 머릿속에 돌아가신 해피니스 국왕의 마지막 목소리가 울렸습니다. "진정한 지혜는… 두려움 속에서도 한 걸음 내딛는 용기라네!" 위즈덤은 다시 한번 정신을 차렸습니다. "그래, 이건 근거 없는 두려움일 뿐이야! 나의 진실한 마음과 생각은… 도망치는 것이 아니라… 행복왕국과 친구들을 지키고 싶다는 이 마음뿐이야!"

위즈덤은 다시 용기의 의지를 붙잡았습니다. "와이즈 도와줘! 나 혼자의 힘으로는 잘되지 않아!" 위즈덤이 솔직하게 자신의 부족함을 이야기하고 와이즈에게 도움을 요청했습니다.

"그래, 아주 좋은 시도였어! 그런 노력들과 시도들이 모여서 두려움을 극복하고 용기를 내는 내면의 힘과 마음근육이 될 거야! 자 이제 나를 따라서 외쳐 봐!", "사라져라, 두려움과 어둠이여! 삭제의 마법! **딜리트**(Delete)!" 와이즈가 큰 소리로 삭제 마법 딜리트를 외쳤습니다.

"삭제의… 마법…, 딜 리 트!" 위즈덤이 와이즈를 따라 외쳤습니다!

그 순간 놀라운 일이 벌어졌습니다. 와이즈가 들고 있던 마법 지팡이에서 햇빛처럼 밝은 빛이 뿜어져 나오더니 위즈덤을 비추었습니다. 그리고 위즈덤의 의지와 노력대로 맹목적이고 이유 없는 두려움은 그의 마음속에서 잊혀지고 소멸되어 버렸습니다.

이것을 본 프라이트은 '으악! 이것은 두려움을 소멸시키는 지혜의 마법?! 여기에 더 있다가는 나까지 같이 소멸할 수도 있겠구나…. 안 되겠다…. 일단 지금은 도망치자' 하는 생각을 하였습니다. 그리고 "다음에 두고 보자."라는 외침과 함께 그대로 도망쳐 버렸습니다.

프라이튼이 도망친 자리에는 마인드 스톤의 첫 번째 마음보석, 용기의 보석이 떨어져 있었습니다. 프라이튼이 도망치면서 용기의 보석을 흘리고 간 것이었습니다. 용기의 보석에는 용기의 에너지와 속성이 충분하게 응집되어 있었습니다.

"해냈구나, 위즈덤! 너는 두려움을 이겨 내는 진정한 용기를 보여 주었어." 와이즈가 기쁜 목소리로 말했습니다. 나는 지혜를 너에게 가르쳐 주고 도와줄 수 있지만, 그 지혜의 마법을 깨닫고 실천해야 하는 것은 너와 친구들의 몫이야. 나는 방법을 알려 주고 조금 도울 뿐이고, 너는 내가 가르쳐 준 지혜를 실천해서 온전히 너의 깨달음과 힘으로 두려움을 물리쳐 낸 거야!" 와이즈는 위즈덤의 의지와 용기에 대해 한 번 더 칭찬해 주었습니다.

"첫 번째 보석을 되찾았어. 이 **용기의 보석**을 너의 지팡이에 붙여 줄게. 이제 너도 용기의 마법 **브레이브**(Brave)를 사용해 친구들에게 용기의 힘과 에너지를 나눠 줄 수 있게 될 거야."

와이즈는 결속의 마법 **어태치먼트**(Attachment)를 사용해 위즈덤의 나무 지팡이에 용기의 보석을 붙여 주었습니다.

위즈덤은 용기의 지팡이를 손에 굳게 쥐고 말했습니다. "첫 번째 보석을 되찾아서 정말 기뻐.

무엇보다 이제 두려움을 이겨내고 친구들을 도와줄 수 있다는 사실이 가장 좋아. 이제 국왕께서 부탁하신 대로 왕별이와 친구들을 구하러 함께 가보자!"

"좋아. 출발하자! 왕별이를 만나러!"

그들의 발걸음에서 더 이상의 두려움은 느낄 수 없었습니다. 마음 히어로즈 구조대의 위대한 모험 이야기는 이렇게 시작된 것이었습니다.

왕별이와
희망의 안경 이야기

위즈덤과 와이즈는 행복왕국의 성안에 있는 왕별이의 방으로 출발했습니다. 위즈덤과 왕별이는 어린 시절부터 함께 자란 친구였기에 위즈덤은 이미 왕별이의 방을 이미 많이 와봤기에 방의 위치를 잘 알고 있었지요. 마법과 책만 파고들던 위즈덤에게, 왕별이는 언제나 밝고 친절한 친구였어요. 국왕의 아들이지만 행복왕국의 모든 친구들을 사랑하는 마음은 같았기 때문에 둘은 마음을 나눈 친구가 될 수 있었답니다. 왕별이의 방문 앞에 도착했지만 아무런 인기척도 느낄 수 없었습니다.

'똑똑똑'

위즈덤이 노크를 했지만, 안에서는 아무런 대답도 들려오지 않았습니다.

“왕별아, 나 위즈덤이야. 잠깐 들어가도 되겠니?”

여전히 아무런 대답이 없자, 위즈덤은 떨리는 손으로 문고리를 잡고 조심스럽게 문을 열었습니다. 방 안은 예전의 밝은 분위기와는 다르게 칠흑처럼 어두웠습니다. 왕별이는 구석에 웅크린 채로 앉아 있었고, 두 눈에는 별 모양의 검은색 안경을 쓰고 있었어요.

그것은 카오스의 부하들 중, 절망을 퍼뜨리는 빌런, **데스페어**(Despair)가 왕별이에게 만들어 준 **절망의 안경**이었어요. 그 검은색 안경을 쓰고 있는 잠시 동안은 현실의 고통을 잊고 현실을 외면

할 수 있게 해주지만, 계속 사용하면 완전히 절망에 빠져 버리게 되는 부작용을 가진 무서운 안경이었지요.

왕별이는 힘없는 목소리로 중얼거렸어요. "위즈덤…. 이제 다 끝났어. 난 아무것도 할 수 없어. 희망도 용기도 다 사라져 버렸어."

그 순간, 방 안의 공기가 얼음장처럼 차가워지며 교활한 목소리가 울렸습니다.

"그래, 맞아. 넌 아무것도 아니야.", "밖에 나가면 모두가 널 비웃겠지.", "네가 아버지를 지켜 내지 못했다는 걸, 모두 알고 있을 거야.", "그러니 영원히 어둠 속에 숨어서 밖으로 나오지 말아라. 거기가 바로 너에게 가장 잘 어울리는 자리니까." 데스페어의 목소리는 왕별이의 마음속에 검은 먹구름처럼 번져 갔습니다. 왕별이의 눈가에 눈물이 고여 또르르 흘러내렸지요. "그래 맞아. 나는… 아무 곳에도 필요 없는 존재인 것 같아."

왕별이의 절망을 본 위즈덤은 가슴이 미어졌습니다. "많이 힘들었겠다, 왕별아…. 모든 슬픔과 아픔의 짐을 혼자 지고 있었구나." 위즈덤은 섣부른 위로나 충고 대신, 먼저 왕별이의 슬픔과 아픔에 깊이 공감해 주었습니다. 그리고 와이즈에게 도움을 요청했습니다.

"와이즈, 왕별이가 데스페어의 거짓말에 갇혀 버렸어. 데스페어의 절망이 왕별이의 눈과 귀를 모두 가리고 있어. 제발, 이 어둠을 걷어 낼 지혜를 알려 줘!"

위즈덤의 간절한 목소리에 와이즈가 대답했습니다. 와이즈가 위즈덤의 어깨를 잡으며 말했습니다. "위즈덤, 진정해. 저 안경은 데스페어가 만든 거짓말이야. 왕별이가 스스로의 힘으로 저 거짓말을 이겨 낼 수 있도록, 우리가 진짜 '진실'을 보여 줘야 해! 데스페어는 사실에 거짓을 섞어, 마치 모든 거짓이 마치 사실인 것처럼 속삭이지. 왕국이 위험에 빠진 것은 사실이지만, 그것이 왕별이 혼자만의 탓이라는 것은 완전히 거짓말이야. 우리가 해야 할 일은 그 거짓말에 맞설 진실과 희망을 보는 눈을 찾아 주는 것이란다. 그가 잊고 있는 자신의 가치를 스스로 깨닫고 희망의 마음을 회복할 수 있도록 도와줘야 해."

와이즈의 말에 위즈덤은 고개를 끄덕였습니다. 위즈덤은 왕별이에게 한 걸음 더 다가가 말했습니다. "왕별아, 네가 슬픈 건 당연해. 아버지를 잃고 왕국이 무너졌으니까. 하지만 그 슬픔이 너의 모든 희망을 집어삼키게 두지 마. 넌 쓸모없는 존재가 아니야."

데스페어가 다시 비웃었습니다. "하하하! 어리석은 것들!", "이미 늦었다! 저 녀석의 마음속엔 후회와 자책뿐이라고!"

"아니!" 위즈덤이 단호하게 외쳤습니다. "왕별아, 기억해? 모두가 포기했던 아픈 친구를 위해 네가 먼 길을 떠나 위험한 절벽에서 약초를 구해 왔을 때를. 그때 모두가 너를 희망의 친구라고 불렀어. 아픈 친구를 위해 기꺼이 네 희망을 전해 주던 그 따뜻한 마음이 바로 네가 가진 진짜 희망이야!"

위즈덤의 목소리에 왕별이는 고개를 들었습니다.

왕별이 눈앞에 잊고 있던 소중한 기억들이 떠올랐습니다. 하지만 데스페어는 마지막 발악을 했습니다. "그건 다 과거일 뿐! 넌 결국 다시 모두를 실망시킬 거야!"

왕별이는 두 손으로 귀를 막으며 괴로워했습니다. 왕별이가 괴로워하는 모습을 본 와이즈가 외쳤습니다. "위즈덤! 내가 데스페어에게 침묵의 마법 **사일런스**(Silence)를 시전하는 동안 너는 용기의 마법 **브레이브**(Brave)를 사용해서 왕별이에게 용기의 마음을 증폭시켜 줘." 와이즈가 지팡이를 들고 **"사일런스!"**를 외치자, 보라색 빛이 데스페어를 감쌌습니다. 와이즈의 마법 지팡이에서 보라색 빛이 발현되어 데스페어의 모든 절망의 공격을 무력화시켰습니다.

"지금이야! 위즈덤! 왕별이에게 용기의 마법 브레이브를 사용해줘!" 그 말에 위즈덤도 **"브레이브!"**를 외치며 용기의 마법을 사용했습니다.

연이어 위즈덤이 용기의 마법 "브레이브"를 외치자 연두색 빛이 발산되어 왕별이를 감쌌습니다. 그러자 왕별이 마음속 내면의 세계에서 그동안 들을 수 없었던 용기를 주는 언어들이 폭포수처럼 쏟아져 흘러 들어왔습니다. "희망이란 어둠이 없는 상태가 아니라, 어둠 속에서도 빛을 향해 나아가려는 의지란다.", "용기란 두려움이 없는 것이 아니라, 두려움에도 불구하고 한 걸음 더 나아가는 것이란다.", "가장 짙은 어둠 속에서 비로소 가장 작은 별빛이 얼마나 밝게 빛나는지 알 수 있단다.", "괜찮아, 넘어져도 다시 일어나면 돼!", "아무리 캄캄한 밤이라도, 작은 촛불 하나가 어둠을 밝힐 수 있단다!", "너는 혼자가 아니야, 우리가 곁에 있어!", **"넌 세상에서 아름답게 빛나는 별, 왕별이잖아!"**

쏟아지는 용기의 폭포는 왕별이의 심장 깊숙한 곳에 박혀 있던 절망의 파편들을 씻어 내고, 그 자리에 새로운 희망의 싹을 틔웠습니다. "나는… 넘어진 것뿐이야. 아직 끝난 게 아니야….", "나는… 절망 속에서라도 결국 다시 일어설 거야!" 왕별이는 자신도 모르게 작은 목소리로 읊조렸습니다. 그의 눈동자에 아주 총명함과 희망의 빛이 돌아오고 있었습니다. 위즈덤과 와이즈의 진심이 그의 마음속 가장 깊은 곳에 닿았던 것이었습니다.

'쨍그랑!'

왕별이가 위즈덤의 마법의 도움을 받아 스스로의 가치와 희망의 진정한 의미를 깨닫는 바로 그 순간, 절망의 안경은 그 부정적인 힘을 잃고 완전히 산산이 조각나며 깨어졌습니다.

자신의 계략이 실패한 데스페어는 당황해서 도망쳤고, 그가 도망친 자리에는 하늘색의 **희망의 보석**이 영롱하게 반짝이고 있었지요.

와이즈는 보석을 주워 들었습니다. 그리고 왕별이에게 새롭게 희망의 아이템들을 만들어 주기 위해 보석을 여러 개로 나누는 아이템 스플리트 마법을 사용했습니다. 와이즈가 "**아이템 스플리트**(Item split)"를 외치자 보석이 4개로 나누어졌습니다.

와이즈는 보석을 왕별이에게 잘 어울리는 아이템으로 만드는 마법을 사용하였습니다. "희망의 보석이여, 새로운 선물이 되어 왕별이의 마음을 지켜 줘!" 4개로 나누어진 희망의 보석 조각들은 각각 **하늘색 희망의 안경, 희망의 마이크, 희망의 신발**로 변했습니다. 나머지 한 개는 보석의 원래의 형태 그대로 남겨 두었습니다. 앞으로는 희망의 보석을 들고, 희망의 안경으로 세상을 보고, 희망을 노래하며, 희망의 걸음을 걸으라는 위즈덤의 따뜻한 마음과 지혜가 담긴 아름다운 선물이었습니다.

와이즈가 한 번 더 선물의 의미들을 설명해 주었습니다. "왕별아, 이 선물들은 네가 절망을 이겨 낸 증표야. 이 안경을 쓰고 어떤 어려운 상황에서도 희망을 바라보렴."

왕별이는 조심스럽게 안경을 썼습니다. "고마워. 내 안에 희망의 마음을 다시는 잃어버리지 않을게." 그 말을 들은 와이즈와 위즈덤은 행복한 미소를 지었습니다.

보석을 잃은 만큼 카오스의 힘은 약해졌습니다. 멀리 어둠의 제국에서는 카오스의 분노 섞인 목소리가 울려 퍼졌습니다. "고작 위즈덤 따위에게 데스페어가 패했다니…. 그렇다면 다음엔 더 강한 어둠의 빌런들을 보내 주지. 저들의 희망이 얼마나 보잘것없는 것인지 깨닫게 해주어라!" 카오스의 명령을 들은 부하들은 더 많은 방법들을 사용해 공격을 준비하기 시작했습니다.

위즈덤이 말했습니다. "좋아! 위기에 빠진 다른 친구들을 도우러 가자." 세 친구는 서로를 바라보며 힘차게 고개를 끄덕였습니다. "사고로 인해 등껍질 집이 깨진 트라우마를 겪고 있는 달팽이 튼튼이가 도움을 필요로 하고 있어. 지금 바로 출발하자." 위즈덤이 대답했습니다. 와이즈가 목적지를 나타내는 마법 "**데스티네이션**(Destination)"을 외치자, 튼튼이가 있는 걱정의 숲 속에 있는 **트라우마의 동굴**이 표시된 마법지도가 친구들의 눈앞에 나타났습니다.

세 친구는 나란히 서서 왕국을 회복하겠다는 희망을 품고 새로운 모험을 향해 발걸음을 내디뎠습니다.

황금빛으로 치유된 달팽이의 집

왕별이와 위즈덤과 와이즈는 지도를 따라 걱정의 숲 속의 트라우마의 동굴 앞에 도착했지요. "저 안에… 누군가 있어." 왕별이가 말했습니다.

"응, 맞아. 튼튼이의 커다란 상처와 아픔, 두려움의 마음이 느껴져. 어서 우리가 도와줘야 해. 저렇게 계속 혼자 두면, 마음속의 빛을 전부 잃어버릴지도 몰라. 그러면 건강하게 스스로를 믿고 인정하는 마음, 자아(Ego)를 잃어버리고 말 거야." 위즈덤이 용기의 지팡이를 꽉 쥐며 대답했어요.

동굴 가장 깊숙한 곳, 어두운 동굴 속에는 달팽이 튼튼이가 숨어 있었어요. 며칠 전까지만 해도 튼튼이는 행복왕국에서 가장 씩씩하고 밝은 달팽이였어요. 그의 이름처럼 정말 튼튼하고 건강한 마음을 가진 친구였지요. 그러나 길을 가던 중 높은 나무에서 커다란 튼튼이의 등껍질 집 위로 도토리가 떨어지면서 부딪혔고, 그 충격으로 등에 메고 다니던 달팽이 집에 크게 금이 가고 깨어져 버렸던 것이었어요.

튼튼이에게 집은 단순한 껍질이 아니라 세상에서 가장 안전한 안식처였지요. 하지만 그 집이 깨어진 순간, 마음속의 생존에 대한 안정감도 함께 무너져 버렸습니다.

"내가 믿고 있던 가장 안전한 장소인 나의 집은 깨어져 버렸고 더 이상 날 안전하게 지켜 줄 수 없어… 또 언제든 도토리가 떨어질 수 있어. 이 세상은 돌아다니기에는 너무 위험해. 그러니까 이제 나는 이 동굴 안에만 계속 머물러 있을 거야." 사고의 기억은 끊임없이 떠올라, 작은 소리에도 몸을 숨기게 만들었어요.

바로 그 약점을 노려, 카오스의 부하 빅쇼크 골렘은 튼튼이의 생각 속으로 파고들었습니다. 빅쇼크 골렘은 발소리를 크게 울리며 튼튼이가 경험했던 끔찍했던 사고의 순간을 끊임없이 반복 재생시키려고 하였어요.

"쿵! 쾅! 쿵! 쾅!", "보아라! 큰 도토리가 계속 계속 떨어진다! 넌 이제 결코 안전하지 않아! 집을 잃은 달팽이는 안전한 동굴 바깥으

로 나와서는 절대 살아남을 수 없어! 그러니 그 트라우마의 동굴 안에 영원히 갇혀서 살아가란 말이야!"

빅쇼크가 내는 거대한 울림은 동굴을 흔들며 튼튼이의 두려움을 더욱 강화시켰습니다.

왕별이가 먼저 말했습니다. "튼튼아! 나 왕별이야! 혼자서 정말 많이 힘들었겠구나…. 나도 오랜 시간을 두려움에 갇혀 혼자 지냈단다…. 하지만 친구들의 도움을 받아 용기를 낼 수 있었고, 희망의 안경을 쓰고 다시 세상으로 나올 수 있었어. 이제 우리가 도와줄게. 우리가 너를 볼 수 있게 동굴의 깊은 곳에서 우리가 있는 쪽으로 한 걸음씩 걸어서 나와 주지 않을래?!"

왕별이의 목소리를 들은 튼튼이는 너무나 반가웠어요. 당장이라도 한 걸음씩 걸어서 친구들에게 가려고 했지요. 하지만 그때 또 쿵쾅거리는 소리와 함께 빅쇼크 골렘의 목소리가 들려왔습니다.

"쿵! 쾅! 쿵! 쾅!", "보아라! 큰 도토리가 계속 계속 떨어진다! 넌 더 이상 안전하지 않아! 밖으로 나가는 순간 이번에는 분명히 죽게 될 거야! 그러니까 더 이상 밖으로 나가려고 하지 말아라!"

빅쇼크 골렘의 소리가 들리자, 튼튼이에게 또다시 사고의 순간이 떠올랐어요. 겁을 잔뜩 먹은 튼튼이가 떨리는 목소리로 왕별이에게 대답했어요.

"안 돼…. 나는 이제 동굴 밖으로 나갈 수 없어. 또 도토리가 떨어져서 나의 집이 이번에는 완전히 부서져 버릴 것 같아서 나는 너무 무서워."

왕별이가 와이즈를 보며 말했습니다. "와이즈! 튼튼이를 어떻게 도와줄 수 있을까?!"

와이즈가 튼튼이의 떨림을 보며 나직이 말했어요. "저건 단순한 공포가 아니야. 마음 가장 깊은 곳에 박힌 **상처의 메아리**가 계속 울리고 있는 거야. 게다가 저 빅쇼크 골렘이 내는 소리가 그 메아리를 점점 더 크게 만들고 있어!

내가 침묵의 마법 **사일런스**(Silence)를 사용해 빅쇼크 골렘의 소리 공격을 차단할게. 그사이 위즈덤은 희망의 마법 호프와 용기의 마법 **브레이브**를 사용해서 튼튼이의 마음에 있는 희망과 용기를 증폭시켜 줘!" 말이 끝나자마자 와이즈는 **"사일런스"**를 외쳐 빅쇼크 골렘의 소리가 튼튼이에게 닿지 못하도록 차단 했습니다. 그리고 발동된 사일런스 마법은 빅쇼크의 거친 목소리를 침묵시키는 효과와 동시에, 빅쇼크 골렘의 모든 공격을 무기력하게 만들어 그를 숲 밖으로 쫓아냈습니다. 빅쇼크가 괴성을 지르며 튼튼이를 더 욱더 공격하려고 몸부림쳤지만 사일런스의 마법 효과로 인해 튼튼이와 친구들에게는 더 이상 아무런 소리도 들리지 않았습니다. 빅쇼크가 떠난 자리에는 황금색 빛깔의 **견고함의 보석**이 남아 있었습니다.

"지금이야, 위즈덤! 빅쇼크 골렘을 물리쳤어. 희망과 용기의 마법으로 튼튼이에게 힘을 나눠 줘!" 와이즈가 외쳤습니다.

그러자 위즈덤 또한 **"호프 앤드 브레이브"**를 외쳐 희망과 용기의 마법을 동시에 발동하였습니다. 희망과 용기의 빛이 발현되어 튼튼이를 포근하게 감싸며 그의 마음을 회복시켰습니다.

튼튼이의 마음속에는 더 이상의 불안과 공포가 일시적으로 차단

되었습니다. 그리고 희망과 용기를 주는 언어 문장들이 튼튼이의 마음속으로 공급되기 시작했습니다. "무서운 기억은 곧 지나갈 거야. 그리고 그 자리에는 새로운 희망이 싹틀 거란다. 너는 그 어떤 어려움도 이겨 낼 수 있는 강한 아이야. 우리는 모두 너를 믿고 있어. 자, 이제 용기를 내어 한 걸음 내디뎌 보자. 우리가 함께 손잡아 줄게. 두려움에 맞서는 지금 이 순간, 너는 세상에서 가장 용감한 영웅이야."

튼튼이의 마음이 어느 정도 회복되어 가고 있는 것을 본 와이즈는 이번에는 **"리커버리"**를 외쳤습니다.

순간, 놀라운 일이 일어났습니다. 마치 도자기의 깨어진 조각들이 금색의 선으로 새로운 모습으로 복원되는 **킨츠기**처럼, 튼튼이의 등껍질 집도 깨어진 부분이 금색의 선들로 이어 붙어 복원되기 시작했습니다.

"튼튼아, 사고로 인해 상처받고 깨어진 것이 이야기의 끝은 아니야. 깨어진 도자기가 황금색의 선으로 이어져 더 새롭고 아름다워지는 예술작품처럼, 너의 집과 상처도 회복될 수 있어. 황금빛으로 이어진 너의 집을 기대해 봐."

위즈덤의 지팡이에서 흘러나온 황금색 빛은 강줄기처럼 튼튼이의 집의 깨진 틈새를 따라 연결되며 이어져 나갔습니다.

계속되는 리커버리 마법의 효과로 모든 깨어진 곳들이 황금빛 선으로 복원되었고, 그 결과 튼튼이의 집은 완전히 새롭고 아름다운 모습으로 회복되었어요. 상처가 났던 자리는 황금빛 무늬가 새겨져 있었습니다. 튼튼이의 집은 이제 흉터가 아닌, 세상에 하나뿐인

아름다운 예술작품이 된 거예요.

"우와… 내 집이… 더 단단해지고 아름다워졌어!" 튼튼이의 눈에서 감동의 눈물이 흘러내렸습니다.

"이제 알겠어. 진짜 튼튼함은 절대 깨지지 않는 게 아니라, 깨어진 틈을 용기와 희망으로 다시 채우고 이어 붙이는 것이란걸."

튼튼이, 왕별이와 위즈덤, 와이즈는 서로 눈을 마주치며 환하게 웃었어요.

와이즈는 빅쇼크 골렘이 쫓겨날 때 흘리고 갔던 **견고함의 보석**을 주워서 튼튼이에게 주었습니다. 그러자 **견고함의 보석**은 견고함의 빛을 발하였고, 그 빛은 튼튼이의 집을 감싸며 한층 더 강한 보호막을 형성하였습니다.

"도와줘서 정말 고마워, 얘들아. 너희들이 아니었다면 혼자서는 밖으로 나오기 힘들었을 거야." 튼튼이는 고마움의 눈물을 흘렸습니다.

"튼튼아 이제부터는 우리가 함께 이겨 나갈 수 있으니, 혼자서만 걱정하거나 두려워하지 않았으면 좋겠어."

"그래 알았어. 나도 이번에 혼자서 심각한 문제를 해결하기는 어렵다는 걸 알게 되었어." 튼튼이가 대답했습니다.

"그리고 우리 함께 힘을 합쳐서 다른 친구들을 위기에서 구조하고, 행복왕국을 재건하러 가지 않을래?! 왕별이가 정중하게 부탁했습니다.

튼튼이는 잠시 눈을 감았다가 결심하듯 고개를 끄덕였습니다.

"좋아. 내가 조금이라도 도움이 된다면 다른 친구들을 돕고 행복왕국도 재건하는 데 함께하고 싶어. 상처를 가진 내가 오히려 친구들의 아픈 마음과 상처를 이해하고 위로해 줄 수 있을 것 같다는 생각이 들어." 튼튼이가 합류에 동의하였습니다.

"용기를 내줘서 고마워 튼튼아." 위즈덤이 말했습니다.

"너희들은 정말 친구들의 마음을 구조하는 히어로들이구나." 튼튼이가 말했습니다.

"마음을 구조하는 히어로?! 이름이 참 듣기 좋은데? 튼튼이가 얘기해 준 대로 우리들의 이름을 마음 히어로즈 구조대로 하면 어떨까?!" 왕별이가 물었습니다.

"좋아." 모두들 동시에 대답했습니다.

"자 마음 히어로즈 용사들이여! 그럼 이제 음악의 도시로 출발하자." 와이즈가 장난스럽게 웃으며 말했습니다.

이렇게 마음 히어로즈 구조대가 결성되었고, 그들은 또 다른 친구를 돕기 위해 음악의 도시를 향해 용감하게 발걸음을 내디뎠습니다.

날개 다친 비둘기의 새로운 노래

마음 히어로즈 구조대가 다음으로 도착한 곳은 한때 **음악의 도시**라 불리던 곳이었습니다.

늘 부드러운 멜로디로 가득 찼던 도시는, 무거운 침묵 속에 잠겨 있었습니다. 사람들은 희망마저 잊은 듯 굳은 얼굴로 서로의 그림자만 바라볼 뿐이었습니다. 닫힌 창문들은 희망의 빛을 차단하고 있었죠.

그 차가운 침묵의 중심에, 날개 다친 비둘기 **구구**가 있었습니다.

구구는 한때 도시의 행복을 위해 피아노를 연주하던 피아니스트였습니다. 하지만 폭풍우 치던 날, 물에 빠진 아기 참새를 구조하다가 거센 물살에 휩쓸려 바위에 부딪혔고, 왼쪽 날개가 부러졌습니다. 날개가 다친 이후로 구구는 음악을 잃었습니다. 그의 방, 창문은 두꺼운 커튼에 가려져 있었고, 피아노는 하얀 천에 덮여 마치 그의 봉인된 재능처럼 잠들어 있었습니다.

그 곁에는 좌절감을 안겨 주는 빌런, **프러스트레이션**(Frustration)이 그림자처럼 앉아 구구의 가장 깊은 두려움을 속삭였습니다. "상처 입은 날개로는 예전처럼 완벽한 연주를 할 수 없어. 사람들은 너의 불완전한 연주를 듣고 비웃을 거야. 친구들은 동정의 눈으로 널 쳐다보겠지."

그 말은 보이지 않는 사슬이 되어 구구의 마음을 꽁꽁 묶었고, 그는 깊은 무력감의 늪에 빠져들었습니다.

방 안에 들어선 마음 히어로즈는 단번에 알 수 있었습니다. 이것은 단순한 상처가 아니라, 자신의 모든 것이었던 꿈이 무너진 자리에서 피어난 깊고 어두운 상처의 그림자, **트라우마**라는 것을 말이에요.

가장 먼저 구구의 마음에 다가간 것은 왕별이었습니다. "구구야…. 나도 모든 게 끝났다고 생각했던 적이 있어. 네가 지금 느끼는 절망이 얼마나 무거울지, 조금은 알 것 같아." 왕별이의 진심 어린 말에 구구의 굳었던 어깨가 아주 조금, 그 누구도 눈치채지 못할 만큼 풀어졌지만, 그의 시선은 여전히 차가운 바닥을 향해 있었습니다.

그때, 와이즈의 책장이 빛나며 힘 있는 목소리가 울렸습니다. "맞다. 예전 그대로는 돌아갈 수 없지. 하지만 그것이 어찌 실패란 말이냐. 강물이 바위를 만나 더 깊고 아름다운 소리를 내듯, 상처는 새로운 길을 열어 주는 이정표가 되기도 한단다." 와이즈의 지혜로운 말에 구구는 처음으로 자신의 상처 입은 날개를 증오가 아닌, 알 수 없는 감정이 담긴 눈으로 아주 잠깐 내려다보았습니다.

그 순간, 황금빛 집을 가진 튼튼이가 조용히 앞으로 나섰습니다. “구구야, 내 등껍질도 예전으로는 돌아갈 수 없어. 여기엔 끔찍한 상처의 흔적이 남아 있지.” 튼튼이는 자신의 가장 아픈 상처를 기꺼이 드러내 보였습니다. 황금빛 무늬는 그가 아픔을 이겨 냈다는 살아 있는 증거였습니다. “상처는 끝이 아니라, 더 단단하고 아름다운 시작이 될 수도 있어. 너의 상처 입은 날개도, 분명 새로운 음악을 위한 또 다른 문이 되어 줄 거야.” 구구의 온전한 날개가 피아노 쪽으로 미세하게 움직였습니다.

왕별이는 그 모습을 보고 용기를 내어 피아노를 덮은 천을 살짝 걷어 냈습니다. 그리고 망설이는 구구의 날개를 이끌어 하얀 건반 위에 살며시 올려놓았습니다. “완벽한 연주가 아니어도 괜찮아. 지금은 이 건반의 따뜻했던 기억, 그 행복했던 기억만 떠올릴 거야.”

“소용없어!” 프러스트레이션이 절규하며 방 안에 좌절의 그림자를 더욱 짙게 만들었습니다. 구구의 날개가 두려움으로 다시 굳어지려던 바로 그때, 위즈덤이 용기의 지팡이를 들었습니다. “구구야, 네 마음속 아주 작은 용기의 소리에 귀 기울여 봐. 분명히 거기에 답이 있어.”

위즈덤의 말과 함께 [용기의 보석]에서 따스한 온기를 가진 빛이 흘러나와 구구의 마음을 부드럽게 감쌌습니다.

구구는 숨을 깊이 들이마셨습니다. 왕별이가 이끌어 준 날개 끝으로 새하얀 건반의 차가운 감촉이 전해졌습니다. 그 순간, 수많은 밤을 이 자리에서 행복하게 보냈던 기억들이 파노라마처럼 스쳐 지나갔습니다. 그리고… 그는 용기 내어 건반을 눌렀습니다.

도… 레… 미… 파… 솔… 솔레레 솔레레 솔레 솔파미레 파리리 도 레… 도….

한 음, 한 음…. 처음에는 얼어붙은 호수 위로 조약돌이 떨어지듯 **조심스러운 소리**가 났습니다. 하지만 건반을 누를수록 소리는 점점 힘을 얻었습니다. 그것은 단순한 멜로디가 아니었습니다. 그것은 단순한 소리가 아니었습니다. 도시의 깊은 침묵을 깨뜨리는 감동적인 울림이었고, 구구의 멈춰버린 세상에 다시 떠오른 꿈이었습니다.

"…여전히 예쁜 소리가 나는구나…. 완벽하진 않겠지만… 다시 피아노를 치고 나만이 할 수 있는 음악을 하고 싶어."

"헛소리!" 프러스트레이션이 마지막 발악을 했습니다. "그건 예전의 위대한 연주가 아니잖아!"

그러나 구구는 고개를 들어 그림자 같은 그를 똑바로 바라보며, 떨리지만 단단한 목소리로 말했습니다. "맞아. 나는 예전의 구구가 아니야. 하지만 지금의 내 모습이 더 소중하다는 사실을 알게 되었어. 나의 음악은 더 이상 예전처럼 완벽한 기교를 보여 줄 수는 없겠지. 하지만 상처 입은 마음으로 다시 일어서는 이 연주에는, 그 누구도 흉내 낼 수 없는 나의 진심이 담겨 있어. **바로 이게 나의 새로운 음악이야.** 나는 지금 여기서, 나만이 할 수 있는 음악을 다시 시작할 거야."

스스로의 상처를 있는 그대로 받아들이고, 자신의 새로운 회복과 도전을 선포하는 순간, 와이즈는 증폭의 회복 마법을 사용했고, 지혜의 보석에서 눈부신 빛줄기가 터져 나왔습니다. 그 빛은 프러스트레이션의 그림자를 물리쳤습니다. 구구의 방에 어둡게 닫혀 있던 커튼도 활짝 열어 주었습니다.

눈이 부시도록 밝은 햇살이 쏟아져 들어오고, 구구의 등 뒤에서 따스한 빛으로 빛나는 **[회복의 보석]**이 떠올랐습니다.

구구가 다시 피아노를 연주하기 시작했습니다. 예전처럼 화려한 기교는 없었지만, 한 음 한 음에 **아픔을 이겨 낸 무게와 진심**이 실려 있었습니다. 그의 연주가 창문을 넘어 도시로 퍼져 나가자, 굳은 표정으로 걷던 이들이 그 소리에 귀를 기울였고, 도시는 서서히 밝은 분위기를 되찾기 시작했습니다. 그의 음악은 같은 아픔을 겪은 이들에게는 깊은 위로를 주고, 상처를 겪어 보지 않은 이들에게는 타인의 아픔을 이해하는 계기가 되었습니다.

얼마 후, 마음 히어로즈가 떠날 채비를 할 때 위즈덤이 구구에게 물었습니다. "구구야, 아픔을 겪는 다른 친구들을 돕기 위해 우리와 함께 가지 않을래?"

구구는 친구들을 돌아보며 말했습니다. "그래 나처럼 좌절에 빠진 친구들을 도와주러 가고 싶어."

그렇게 구구는 '상처받은 마음의 불협화음을 감지하고, 그에 맞는 치유의 멜로디를 연주하는 능력'을 얻은 **'마음을 치유하는 피아니스트'**가 되어, 마음 히어로즈 구조대의 새로운 영웅으로 합류하게 되었답니다.

와이즈는 회복의 보석을 나누어 그중 한 개를 **회복의 피아노**로 만들어 구구에게 선물해 주었습니다. 구구는 이제 여행하면서 자유롭게 연주할 수 있게 되었습니다.

마음 히어로즈 친구들은 다음 장소로 출발했습니다.

아트펀트와
창의력의 보석

마음 히어로즈 구조대 친구들은 미술의 마을 안에 있는 아트펀트의 미술 작업실에 도착했습니다. 캔버스 앞에 코끼리 아트펀트가 붓을 쥔 채 그림을 그리지 못하고 심각한 표정으로 고민만 하고 있었습니다. 아트펀트는 그리고 싶은 것들이 정말 많았지만 다른 사람들의 평가와 조롱이 두려워서 그림을 그리지 못하고 있었습니다. 그동안 그렸던 그림들에 대해서 그는 이상하다는 평가를 받았기 때문이었습니다.

"아트펀트, 왜 그림을 그리지 않고 고민만 하고 있니?" 구구가 물었습니다.

"내가 그리는 그림들은 한 점도 팔리지 않았어. 사람들은 내가 그리는 그림이 이상하다고 이야기하고 평가해."

“그렇구나…. 아직 너의 예술세계가 만들어지고 있는 과정이라고 생각해 보면 어떻겠니?!”

그때 어둠 속에서 카오스의 부하들, 비판하는 빌런 크리틱스(Critics)와 조롱하는 빌런, 리디큘(Ridicule)이 다가왔습니다.

그들은 아트펀트의 창작에 대한 두려움을 보며 속삭였습니다. 크리틱스가 먼저 말했습니다.

“네 그림은 그냥 비싼 캔버스 낭비일 뿐이야! 사람들은 언제나 기존에 인정받아 오던 방식의 예술작품을 원한다구! 너의 그림과 같은 특별한 그림이 아니라, 단순히 예전 방식의 이해하기 편한 그림만을 원한다니까!" 너처럼 창의적인 선과 색다른 색의 혼합을 사용하는 예술가는 비웃음거리만 될 뿐 결국 인정받지 못해."

"넌 수많은 아마추어 작가들 중 한 명의 아마추어일 뿐이야. 아마추어 주제에 뭘 할 수 있겠어? 아마추어 주제에 무슨 새로운 예술을 하겠다는 거야?! 결국 너는 외골수, 너 혼자만의 예술을 하는 그림 작가가 될 뿐이야. 결국 주류 예술계에서 인정받지 못하고 밀려나서 추방될 거라구!" 리디큘이 크리틱스의 말에 덧붙여서 아트펀트를 조롱했습니다.

크리틱스와 리디큘의 목소리는 아트펀트 자신도 고민하던 부분이었습니다. 그는 이내 그림을 시작하지 못하고 붓을 든 손을 내려놓았습니다. "그래 맞아…. 나는… 나만의 예술작품을 만들어 내지 못할 것 같아…."

그 모습을 본 히어로들이 조심스럽게 다가갔습니다. 와이즈가 지혜의 책을 펼쳐 보이며 말했습니다.

"아트펀트야, 오래전에도 너와 같은 두려움을 가진 예술가가 있었단다. 많은 사람들이 사실적으로 똑같이 그리는 것만이 정답이라 믿던 시절이 있었지. 하지만 그때, 자신만의 선과 색으로 세상을 그린 화가가 있었어. 바로 빈센트 반 고흐였지."

와이즈가 조심스럽게 덧붙였습니다. "많은 사람들이 처음엔 그의 그림을 이해하지 못했대. 하지만 그는 남의 눈이 아닌, 자기 마음의 진실을 그렸어."

"하지만… 그는 너무나도 외로웠잖아요." 아트펀트의 목소리가 떨렸습니다. "나도 그렇게 될까 봐 두려워요."

왕별이가 아트펀트의 곁에 앉아 이야기했습니다. "그래, 당연히 걱정될 수도 있어. 그 마음은 틀린 것이 아니야. 우리도 모두 각자의 그런 두려움을 안고 내면의 싸움을 하고 있어." 왕별이는 먼저 그의 두려움을 함께 공감하고 이해해 주었습니다.

그때 튼튼이가 자신의 등껍질을 툭툭 치며 말했습니다. "나도 이 상처가 처음 생겼을 때, 다시는 예전처럼 단단해질 수 없을 거라고 생각했어. 몇 번이고 동굴 속에서 나오려다가 나오지 못하고 있었지. 하지만 중요한 것은 넘어져도 괜찮다는 걸 아는 거야. 다시 일어나서 딱 한 걸음씩만 내디디다 보면 어느새 두려움은 사라지게 되거든."

아트펀트는 천천히 고개를 들었습니다. 그는 친구들의 격려에 감동을 받아 용기를 내어 다시 붓을 들었습니다. 하지만 캔버스에 붓을 가져가려 하자, 리디큘의 조롱하는 목소리가 들렸습니다. "너의 창의적인 그림 스타일을 유지하다가는 결국 예술계에서 외톨이가 되고 말 거야! 네 작품은 한 점도 팔리지 않게 될걸?!"

위즈덤은 크리틱스와 리디큘의 방해를 먼저 물리치기 위해 사일런스 마법을 사용하였습니다. "사일런스!" 그리고는 브레이브 마법으로 용기를 증폭시켰고, 왕별이는 희망의 마이크를 들고 노래를 시작했습니다. 그리고 구구는 왕별이의 노래에 희망의 피아노로 반주를 하였습니다.

"넌 할 수 있어. 너의 모든 예술, 너의 모든 생각, 예술작품으로 거듭날 수 있지!"

아트펀트에게 전달되던 부정적인 목소리는 사일런스 마법으로 차단 되었고, 왕별이의 희망의 노래와, 구구의 노래, 위즈덤의 브레이브 마법이 합쳐져서 희망의 음악이 증폭되고 있었습니다.

아트펀트는 붓을 들어 올렸다가 다시 내리기를 몇 번이고 반복하는 고뇌를 보였지만, 마음 히어로즈 구조대의 음악을 들으면서 그들의 용기를 공급받으며 그림 작품에 몰입할 수 있었습니다.

크리틱스와 리디큘은 자신들의 목소리가 더 이상 아트펀트에게 전달되지 못한다는 것을 깨닫고 머뭇거리다가 희망의 음악 소리에 더 이상 견디지 못하고 도망쳐 버렸습니다. 그들이 도망친 자리에는 창의력의 보석이 남겨져 있었습니다.

아트펀트는 떨리는 손으로 붓을 들었습니다. 아직 귓가에 희미하게 "넌 실패할 거야."라는 악당의 속삭임이 들려오는 것만 같지만, 아트펀트는 눈을 감고 스스로에게 말했습니다."**실패해도 괜찮아. 이건… 온전한 나를 위한, 나의 그림이니까.**" 그리고 마침내, 캔버스 위에 **자신만의 첫 선**을 긋기 시작했습니다.

한 시간 정도 지났을 때, 아트펀트는 캔버스 위에 그림을 완성했습니다.

캔버스에는 **소용돌이치는 밤하늘 아래, 서로를 마주 보며 희망의 빛을 내는 마음 히어로즈 친구들의 모습**이 그려져 있었습니다. 그 안의 별들은 마치 고흐의 그림처럼 뜨겁고 힘차게 빛나고 있었습니다.

"앗 이것은 고흐의 〈별이 빛나는 밤〉 그림이구나?! 그런데 어딘가 조금 달라." 왕별이가 놀라며 말했습니다. "그래 맞아. 사실 나도 예전에 고흐의 그림을 감명 깊게 본 적이 있었어. 하지만 고흐가 그런 스토리와 아픔을 가지고 있는지는 몰랐었어. 나도 고흐처럼 용기를 내고 싶어서 고흐의 그림을 그려 보았어. 고흐처럼 나도 이제 나만의 예술세계를 펼쳐 보고 싶어! 이 그림은 고희의 화풍에 나만의 채색 기법을 더해서 그린 거야. 나는 창작의 시작이 기존의 화풍과 기법에 나만의 개성을 더해서 그리는 것이라고 생각하거든. 기존의 것과 새로운 시도의 결합 말이야!"

구구가 이어서 말했습니다. "그래, 정말 잘 생각했어. 네가 어떠한 방법으로 새로운 도전과 선택을 하든 우리는 너를 응원할게. 어떠한 스타일로 그리든지 네가 포기하지 않고 너의 그림을 계속 그린다는 사실이 가장 중요하다고 생각해.

와이즈도 첨언을 하였습니다. 네가 그리는 그림과 화풍은 너에게서 나오는 중요한 작품이야. 그러나 나는 그 작품보다 항상 네 자신의 건강한 내면의 평화와 긍정적인 마음을 유지하는 것이 더 중요하다고 생각해. 그래야 너만의 작품세계를 펼쳐 가는 과정이 너에게 너무 힘들고 고된 과정이 되지 않을 테니까…."

"그래 고마워. 얘들아." 아트펀트가 대답했습니다.

"아트펀트! 우리와 함께 가지 않을래?! 네가 그리는 그림은 분명히 우리가 만날 친구들에게 위로와 도움을 줄 것 같아." 구구가 말했습니다.

잠시 생각하던 아트펀트가 대답했습니다. "좋아. 내 그림이 도움

이 된다면 나도 너희와 함께하고 싶어. 너희가 나를 위로해 주었던 것처럼, 나도 그림으로 다른 친구들을 돕고 싶어. 다만, 내가 그리려고 계획했던 그림들을 완성한 후에 뒤따라갈게!"

"그래 알았어. 함께해 줘서 고마워 아트펀트!" 구구와 친구들이 기쁜 목소리로 대답했습니다. 그리고 와이즈는 창의력의 보석을 나누어 **창의력의 붓**을 만들어 아트펀트에게 선물해 주었습니다. 선물을 받은 아트펀트는 뛸 듯이 기뻐하며 말했습니다. "정말 고마워! 이 선물은 마치 나의 새로운 예술과 작품세계의 시작을 의미하는 것 같아."

마음 히어로즈 친구들은 기쁜 마음으로 다음 장소로 출발하였습니다.

외로움의 산 속,
호산이 이야기

마음 히어로즈 친구들은 호산이가 있는 외로움의 산에 도착했습니다. 큰 바위 동굴 안에, 호랑이 호산이가 우울한 표정으로 잔뜩 몸을 웅크리고 있었습니다.

호산이는 홀로 속삭이고 있었습니다. "결국, 나만 혼자 남았어…. 나에게 사랑받을 자격이 있었다면, 모두가 날 떠나진 않았을 텐데…." 그 말이 끝나자마자, 카오스의 부하 빌런, 그레이의 회색 안개가 호산이를 둘러쌌습니다. 그는 외로움과 고독을 느끼게 만드는 그레이였습니다.

그레이는 호산이의 마음속에 말했습니다. "그래, 다른 사람들에게 아무것도 기대하지 마. 아무도 이 회색빛의 어두운 안개를 지나서 널 찾아오지 않을 것이 분명해."

바로 그때, 마음 히어로즈 친구들이 호산이에게 도착한 것이었습니다. 친구들이 보았을 때 호산이의 모습은 정말로 외로워 보였습니다. 위즈덤이 말했습니다. "호산아, 그렇게 마음이 외롭다는 건, 네 마음에 사랑을 담을 수 있는 자리가 아주 크다는 증거란다."

하지만 호산이는 고개를 더 깊이 파묻었습니다. 너무나 오랜 시간 동안 외로움과 고독에 휩싸여 있던 호산이에게 그 말들은 위로가 되지 못했습니다.

왕별이와 튼튼이는 말없이 곁에 앉았고, 구구는 자신의 자작곡인 '한 손으로'라는 노래를 연주해 주었습니다.

태어나서 처음 느껴 보는 친구들의 따뜻한 위로에 호산이가 울먹이는 목소리로 말했습니다. "정말 고마워. 하지만… 너희들도 결국 나를 떠나 버릴 거잖아…. 부모님은 나를 버리고 떠났어. 며칠 내로 돌아온다고 했었는데…."

와이즈는 정말로 호산이의 부모님이 호산이만 버리고 떠난 것인지 믿기지 않았습니다. 그리고 만약 정말 떠난 것이라면 왜 그런 것인지 궁금해졌습니다.

"리멤버 더 메모리! 지혜의 보석이여! 호산이의 부모님에 대해 보여 줘!" 와이즈는 기억을 불러오는 마법을 사용하여 호산이의 과거에 어떤 일이 있었는지, 또 호산이의 부모님에게 어떤 일이 생겼는지 찾아보았습니다.

마법이 발동되고 지혜의 보석이 달려 있는 마법 지팡이 위로 훌

로그램 화면처럼 선명한 과거의 영상이 보였습니다. 어린 시절의 호산이가 행복하게 엄마와 아빠의 품에서 놀고 있었습니다. 그러나 산 아래쪽에서 무언가 어둠의 군사들이 몰려오고 있었습니다. 놀란 호산이의 아빠 호범이는 아내 호순이와 함께 아들 호산이를 숨겨 두고 산을 지키기 위해 어둠의 군사들을 향해 내려갔던 것이었습니다. "호산아 무슨 일이 있어도 이 바위 동굴을 떠나면 안 돼. 엄마 아빠는 곧 돌아올 거야." 이 마을 남긴 채 호산이의 엄마 아빠는 어둠의 세력과 싸우기 위해 산을 내려갔던 것이었습니다. 호범이와 호순이는 호산이를 위험에서 보호하기 위해 최선을 다해 싸웠지만 어둠의 군사들에게 패배하였고 포로로 어둠의 탑에 잡혀가게 되었습니다. 그곳에서 카오스의 노예가 되어 어둠의 탑을 쌓는 일에 강제적으로 동원되고 있었습니다.

"엄마! 아빠!" 그 영상을 본 호산이는 눈물을 흘리며 절규했습니다. "친구들아! 우리 엄마 아빠를 구해 줘!"

"호산아, 너희 엄마와 아빠는 지금 카오스의 성 앞, 어둠의 탑에서 노예로 잡혀 있어. 그래서 너에게 돌아오지 못했던 거였어. 우리도 카오스를 물리치고 친구들을 구하기 위해 여행하고 있어. 우리와 함께 가지 않을래?!" 왕별이가 말했습니다.

"당연히 가야지! 엄마 아빠가 카오스에게 잡혀 있는 줄도 모르고 나는 바보같이 원망만 하고 있었어! 어서 나를 같이 데려가 줘!"

"그래 그렇다면 먼저 너를 괴롭히던 카오스의 부하 그레이를 먼저 물리치자!"

"위즈덤! 파저티브 샤이닝! 마법을 사용해서 외롭고 고독한 모든 회색 안개들을 몰아내 줘!" 와이즈가 말했습니다.

"그래 알았어, 와이즈! **파저티브 샤이닝**(Positive Shining)!" 위즈덤이 큰 소리로 파저티브 샤이닝을 외치자, 와이즈의 용기의 보석에서 밝은 빛의 광선이 나와서 순식간에 호산이 주변의 회색 안개들을 소멸시켰습니다. 그 모습을 본 그레이는 자신도 곧 소멸될 것 같은 위기감을 느껴서 걸음아 날 살려라 하는 심정으로 빠르게 그 자리에서 도망쳤습니다.

그레이가 도망친 자리에는 **활력의 보석**이 남겨져 있었습니다. 와이즈는 활력의 보석을 나누어 호산이에게 활력의 신발을 만들어 주었습니다. **활력의 신발**은 호산이를 더 빠르고 강하게 만들어 주었습니다.

"고마워, 와이즈 그리고 위즈덤! 이제 엄마 아빠를 향해 더 빨리 달려갈 수 있을 것 같아!" 호산이가 고마움을 표현했습니다.

그렇게 호산이는 마음 히어로즈 구조대의 용사가 되었습니다. 마음 히어로즈는 호산이와 함께 다음 장소로 출발하였습니다.

아름다운 기다림으로
나비가 된 번데기 벤디 이야기

마음 히어로즈가 도착한 곳은 세상의 시간이 멈춘 듯이 고요한 **기다림의 정원**이었어요.

이곳에서는 모든 것이 아주 느리게, 느릿느릿 움직였지요.

물방울은 나뭇잎 끝에 매달려 오래 반짝이다가 천천히 스르르륵 흘러내렸고, 꽃들은 한 계절 내내 기다렸다가 한 뼘의 꽃잎을 내었습니다.

정원 한가운데에 아주 커다란 은행나무 가지에 작은 번데기 하나가 매달려 있었습니다. 그의 이름은 **벤디**였어요.

벤디는 번데기 속에서 몸을 뒤척이며 안절부절못했어요.

"어서 날개를 펴고 파란 하늘을 날고 싶은데…. 나만 늦게 되면 어떡하지?"

그때, 그 모습을 보고 조급함을 강요하는 빌런 **헤이스트**(Haste)가 다가와 소리쳤습니다.

"빨리, 빨리! 나와라! 다른 나비들은 벌써 아름다운 모습으로 하늘을 훨훨 날고 있어! 너만 아직 번데기 안에 갇혀 있잖아. 너만 뒤처져 있다구!"

벤디의 가슴은 불안함으로 쿵쾅거렸습니다. 그러자 헤이스트는 더욱 강력하게 벤디를 불안하게 만들려고 시도 하였습니다. "지금 날지 않으면 기회는 없을 거야! 지금밖에는 기회가 없다구!"

벤디는 마음속으로 크게 고민했습니다. "정말… 나만 너무 늦으면 어떡하지?! 이대로 기다리기만 해도 괜찮은 걸까?!"

그때 마음 히어로즈 친구들이 다가와 말했습니다. "벤디야, 우리가 보기에는 아직 날개가 완전히 만들어지지 않은 것 같아. 날개가 완전히 성장할 때까지 그 안에서 인내심을 가지고 조금만 더 기다려 주겠니?! 그리 오랜 시간이 걸리지는 않을 거야." 위즈덤이 말했습니다.

그때 또다시 헤이스트가 외쳤습니다. "기다릴 시간이 없어! 내가 도와주지!" 헤이스트가 손을 내밀어 벤디의 번데기를 억지로 갈라지게 만들려고 억지로 뜯어내려 힘을 주기 시작했습니다. 아직 완성되지 않은 날개가 찢어질 듯한 고통이 느껴졌죠. "안 돼! 이러면 날개가 망가져!" 벤디가 비명을 질렀습니다.

이 모습을 본 위즈덤은 침묵의 마법 **사일런스**와 결박의 마법 **바인드**(Bind)를 사용하여 헤이스트를 침묵시키고 마법의 힘으로 결박하였습니다. 더 이상 조급함의 소리가 들려오지 않자, 벤디는 차분하게 인내심을 갖고 성장하는 생각에 집중할 수 있었습니다.

그 순간, 햇살 빛 날개를 가진 여자 친구이자, 나비 **플로라**가 다가왔습니다. "벤디야, 나도 헤이스트의 목소리를 들었어. 나도 긴 기다림 끝에야 날개를 얻었어. 헤이스트의 저 말에 속아 너무 일찍 나온 내 친구 한 명은, 결국 평생 날지 못하고 땅 위를 걸어 다녀야 했지…. 기다리는 건 정말 힘들 거야. 하지만 그 끝에는 하늘을 날 수 있는 진짜 하늘과 자유로움이 있어. 그러니 너무 초조해하지 말고, 기다리고 인내하는 시간을 보내렴."

위즈덤이 첨언하였습니다. "그래. 플로라의 말이 맞단다. 번데기 속의 시간은 헛된 소모의 시간이 아니야. 기다림의 시간은 너의 날개를 단단하게 만들어 주고, 하늘을 오래오래 날 수 있게 해주는 소중한 인내심의 시간이야. 날개가 다 만들어지기 전에 나오면, 너는 날 수 없게 될 거야." 그리고 위즈덤이 따뜻한 조언을 더해 주었습니다. "아름다운 성장은 기다림 속에서 완성된단다." 그렇게 벤디는 눈을 감고, 자기 안의 소리에 귀 기울였습니다. "그래, 나는 아직 성장 중이야. 조급함은 나를 초조하고 불안하게 만들 뿐이지, 하지만 기다림은 나를 더욱 성장시켜 줄 거야." 그 말과 함께 번데기 속은 따뜻한 빛으로 가득 찼습니다. 벤디는 조용히 대답했습니다.

여러 친구들의 조언을 들은 벤디의 조급함은 조금 가라앉았습니다. 그리고 며칠 정도 시간이 지났을 때….

'좌아아악, 퍼얼럭!'

번데기가 갈라지고, 찬란한 무지갯빛 날개가 천천히 '펄럭' 하고 펼쳐졌습니다.

플로라가 환하게 웃으며 말했어요. "드디어 해냈구나, 벤디! 너의 날개를 봐! 너만의 속도로, 너만의 빛깔로 완성된 날개를 보라구!" 플로라가 진심으로 함께 기뻐해 주었습니다.

벤디는 처음으로 두 날개를 힘차게 펄럭였습니다. "정말 멋지고 아름답구나, 벤디!" 마음 히어로즈 친구들도 벤디의 아름답고 화려한 날개에 감탄을 했습니다.

이미 자신의 방해 전략이 완전히 실패한 것을 지켜본 헤이스트는 결박의 마법이 약해진 틈을 타, 서둘러 자리를 피해 도망쳤습니다. 헤이스트가 도망친 자리에는 인내심의 보석이 떨어져 있었습니다. 와이즈는 보석을 나누어 그 일부 조각들로 벤디의 날개에 더 아름다운 패턴을 만들어 주었습니다.

벤디는 친구들에게 말했습니다. "기다림은 결코 뒤처짐이 아니었어. 기다림과 인내는 아름다운 성장을 완성하는 힘이었어."

그날 이후, 벤디는 더 이상 조급함에 흔들리지 않았습니다. 그는 누구보다 자유롭고 우아하게 날며, 정원의 모든 이들에게 자신의 깨달음을 전했습니다.

벤디야. 우리와 함께 마음 구조대에 들어오지 않겠니?! 왕별이가 합류를 제안했습니다. "좋아. 하지만 지금은 내가 깨달은 기다림과 인내심을 정원의 모든 친구들에게 알려주고 너희들의 뒤를 따라갈게. 먼저 출발해 줘!" 벤디가 대답했습니다.

"그래, 우리 먼저 출발할게. 친구들에게 너의 소중한 깨달음을 모두 전달해 줘." 왕별이가 말했습니다.

이렇게 기다림의 정원의 벤디도 멋지게 성장하여 마음 히어로즈 구조대의 팀원이 되었습니다.

마음 히어로즈 친구들은 다음 장소로 출발하였습니다.

루루와 티티 이야기

마음 히어로즈 구조대는 **비교하는 도시**에 도착했습니다.

도시는 온통 화려하게 반짝였습니다. 집도, 나무도, 길가의 조약돌마저 럭셔리하고 최상급으로 화려하게 장식되어 있었지만 사람들은 행복하지 않았답니다. 거리는 다이아몬드처럼 반짝였지만, 사람들의 얼굴은 웃음 대신 그늘로 덮여 있었어요. 비교하게 만드는 빌런 컴페리즌(Comparison)의 출현으로 인해서, 도시의 사람들은 끊임없이 서로의 외모와 가진 것을 비교하는 습관에 사로잡혀 버렸기 때문이었습니다.

마을 중앙의 연못가에는 루루와 티티가 앉아 있었습니다. 두 친구는 서로를 비교하며 열등감과 낮은 자존감을 갖게 되었습니다.

"네 털은 눈처럼 하얘서 부럽다…." 눈을 동그랗게 뜨며 티티가 먼저 말했습니다. "예쁘면 뭐 하니?! 하얀색이 털이 얼마나 때가 잘 묻는데…. 하얀 털은 금방 더러워진단 말이야! 먼지와 때가 묻으면 더 지저분해 보인다구! 넌 털이 검은색이라 지저분해 보일 일이 없어서 정말 좋겠다. 차라리 네가 낫지 뭐. 난 네가 정말 부러워!" 루루가 툴툴거리며 퉁명스럽게 대답했습니다. "너는 항상 친구들이 먼저 말을 걸어와서 좋겠어. 나는 왜 이렇게 소심할까?" 티티가 말했습니다.

그 대화 사이에 컴페리즌이 나쁜 생각을 집어넣었습니다. "그것 봐! 결국 너희는 서로를 놀리고 있잖아! 그렇지?!"

컴페리즌의 이간질과 거짓말에 두 친구는 결국 다투게 되었습니다. "뭐?! 너 지금 날 놀리는 거니?!", "네가 먼저 날 놀렸잖아!", "너도 나 놀렸잖아! 왜 나만 나쁜 애가 되는 거야?" 루루와 티티는 이렇게 다투고 싸우는 게 일상이 되어 버렸습니다.

그 모습을 본 왕별이가 말했습니다. "너희는 둘 다 정말 예쁜걸!"

컴페리즌은 그 사이를 놓치지 않고 끼어들어 말했습니다. "저건 새빨간 거짓말이야! 단지 너희가 불쌍해서 형식적으로 위로해 주는 말일 뿐이라고! 하하하."

루루와 티티가 화를 내며 말했습니다. "거짓말하지 마! 그건 네가 착해서, 날 불쌍히 여겨서 하는 말일 뿐이야." 루루와 티티는 왕별이의 진심 어린 칭찬도 자기를 측은히 여겨서 위로하는 거짓말로 여겼습니다. 마음이 점점 작아져서 고개를 들 수가 없었어요. 그만큼 자존감이 많이 낮아져 있었습니다.

와이즈는 "안 되겠다! 위즈덤! 침묵 마법으로 컴페리즌의 입을 막아 줘! 그리고 나서 왕별이가 루루와 티티를 설득해야 할 것 같아."

와이즈는 즉시 침묵 마법 **사일런스**를 시전하였습니다. 컴페리즌은 무언가를 더 말해서 이간질시키고 싶었지만 강력한 사일런스 마법에 막혀 더 이상 아무런 말도 할 수 없었습니다. 컴페리즌은 자신이 더 이상 아무런 공격도 할 수 없다는 사실을 깨닫고는 분에 못 이겨 카오스에게 돌아갔습니다. 그가 돌아간 자리에는 눈부시게 빛나며 스스로를 존중하는 마음이 가득 들어 있는 **존중의 보석과 사랑의 보석**이 남겨져 있었습니다.

왕별이는 희망의 마이크를 잡고 루루와 티티를 위해 노래를 부르기 시작했습니다. 그리고 구구는 회복의 피아노를 연주했습니다. 왕별이의 노래는 햇살처럼 따뜻했고, 구구의 피아노는 샘물처럼 맑았어요. 그 소리가 서로 어우러져 루루와 티티의 마음을 감싸안았습니다.

두 친구들이 만들어 내는 선율과 멜로디는 파괴되기 이전의 행복왕국을 떠올리게 했습니다. 그리고 루루와 티티의 무너지고 낮아졌던 자존감을 회복시키기 시작했습니다. 왕별이와 구구의 음악이 존중의 보석과 공명하고 연결되어 자존감을 회복시키는 속도를 증폭시켰습니다. 와이즈는 존중의 보석과 사랑의 보석을 루루와 티티에게 **존중의 거울과 사랑의 거울**을 만들어 선물해 주었습니다. 존중의 거울은 겉모습이나 비교가 아닌, 마음 깊은 곳의 진실한 아름다움을 비춰 주었습니다. 그 거울을 본 루루와 티티는 자기 자신이 얼마나 사랑스럽고 예쁜지 진실을 볼 수 있었습니다. 루루와 티티가 거울을 보자, 그 속에는 더 이상 열등감을 느끼는 루루와 티티가 없었고, 착하고 순순한 마음을 가진 진짜 루루와 티티의 모습이 보였습니다.

위즈덤이 미소 지으며 말했습니다. "비교는 마치 마음을 불행이라는 감옥 속에 가두는 것과 같단다. 마음속 순수함과 내면의 아름다움을 볼 줄 알고, 그 마음을 지켜 가는 것이 진짜 보석이란다."

그날 이후, 루루와 티티는 더 이상 서로를 비교하는 생각이나 말을 하지 않았답니다.

왕별이가 루루와 티티에게 합류를 제안하였고, 그들은 팀원이 되는데 기쁘게 동의했습니다. 루루와 티티는 존중의 거울을 품에 안고 마음 히어로즈 구조대의 새로운 영웅이 되었습니다.

이제 루루와 티티는 다른 이들이 자신의 진정한 아름다움을 발견하도록 돕는, 세상에서 가장 따뜻한 안내자가 되었습니다. 그리고 루루와 티티는 비교 의식과 열등감으로 힘들어하는 사람들을 볼 때마다 존중의 거울을 보여 주며 안내해 주었습니다. **"남들과 비교할 필요 없이, 있는 그대로의 여러분이 세상에서 가장 소중한 사람이에요."**

"비교하는 도시의 사람들을 모두 회복시키고 나서 너희들의 뒤를 따라갈게, 먼저 출발해 줘." 루루와 티티가 말했습니다.

마음 히어로즈 영웅들은 다음 친구들을 구하기 위해 발걸음을 옮겼습니다.

작지만 밝은 빛,
반디 이야기

마음 히어로즈 구조대는 반딧불이 마을에 도착했습니다. 한때 이곳은 마치 밤하늘의 별들이 땅으로 내려와 비추는 것처럼, 수만 개의 작은 반딧불이가 밤을 비춰 주던 아름다운 곳이었어요.

하지만 지금 마을은 캄캄한 어둠 속에 잠겨 있었습니다. 지금은 아무런 빛도, 온기도 남아 있지 않았습니다. 세상의 모든 빛이 꺼져버린 듯한 어두움 속에서, 튼튼이가 속삭였습니다. "이상해요…. 이 마을은 아름다운 불빛으로 유명했던 마을인데 반딧불이가 모두 어디로 간 걸까요?"

위즈덤이 **"브라이트 샤이닝 스타!"**라고 외치며, 밤하늘을 밝히는 마법을 시전하였습니다. 그러자 하늘에 밝은 별들이 빛나는 것처럼 마법으로 만들어진 불빛 조각들이 어두웠던 밤하늘을 밝히어 주었습니다.

그제서야 풀잎과 바위틈에 숨어 있는 작은 반딧불이들이 보였습니다. 그들은 빛을 잃고 회색빛으로 변해 있었습니다.

구조대는 그중에서도 바위 가장 깊은 곳, 가장 짙은 어둠 속에 몸을 숨긴 채 떨고 있는 **반딧불이 반디**를 발견했습니다.

왕별이가 조심스럽게 다가가 말을 걸었습니다. "안녕? 우린 마음 히어로즈 구조대야. 마을에 무슨 일이 있었는지 말해 줄 수 있니?"

반디는 고개도 들지 않은 채 힘없이 속삭였습니다. "얼마 전에 실망감으로 삶의 의미를 무너뜨리는 빌런, 디스어포인트(Disappoint)가 다녀갔어요. 그는 우리 각자의 빛이 얼마나 작고 약하며, 의미 없는 삶인지를 설명하며 우리의 존재의 가치와 의미를 부정했어요. 그의 강력한 공격으로 인해, 우리 반딧불이들은 삶의 의미를 잃어버리고 말았어요.

왕별이가 다시 한번 다정하게 말했습니다. "반디야. 우린 너희들을 도우러 왔어.", "저희들을요? 어떻게요?!" 반디가 씁쓸하게 웃으며 물었습니다. "저희는 이제 쓸모없는 반딧불이예요. 저희가 하는 일은 세상에 별로 도움이 되지 않아요. 저희는 모두를 실망시키는 존재일 뿐이에요."

바로 그때 디스어포인트가 다가와 큰 목소리로 외쳤습니다. 쓸모없는 반딧불이들아, 어둠 속으로…. 더 어두운 곳으로 숨어 들어가라! 너희가 내는 희미하고 약한 빛은 세상에 전혀 도움이 되지 않으니까 말이야.

절망적인 목소리에 응답하듯, 반딧불이들은 더욱더 어두운 곳으로 숨어 들어갔습니다.

"아니!" 와이즈가 지혜의 책을 펼치자, 책에서 밝은 빛이 흘러나와 디스어포인트의 얼굴을 비췄습니다.

"크악! 너희는 누구냐?!" 디스어포인트가 밝은 빛이 눈에 닿자 괴로워하며 소리 질렀습니다.

"우리는 행복왕국의 마음 히어로즈 용사들이다. 카오스의 부하 디스어포인트. 더 이상 너에게 이곳에 있는 것을 허락하지 않겠어!"

"크하하하! 너희같이 작고 의미 없는 것들이 모여 봤자 무엇을 할 수 있다는 거지?! 카오스 님으로부터 받은 어둠의 힘으로 너희들이 얼마나 작은 존재인지를 깨닫게 해주겠다. 받아라 암흑의 마법 **다크 애로우**."

디스어포인트의 다크 애로우가 사용되자 수백 발의 어두운 에너지를 가진 화살들이 마음 히어로즈 용사들에게 쏟아져 날아왔습니다.

위즈덤은 날아오는 암흑 에너지를 가진 화살들을 보고는, 서둘러 "매직 실드"를 시전하여 마음 히어로즈 전체를 막아 주는 커다란 방패 모양의 마법 방어벽을 만들었습니다.

“반디야, 거울은 비추는 빛에 따라 다른 모습을 보여 주는 법. 저것은 디스어포인트가 비춘 거짓된 모습이란다.”

위즈덤의 빛이 비춘 거울 속에는, 길 잃은 어린 개미에게 자신의 작은 빛을 비춰 주던 반디, 외로운 올빼미 할머니 곁에서 밤새 이야기를 들어 주던 반디, 어둠을 무서워하던 아기 곤충 곁을 지켜 주던 작지만 따뜻한 반디의 모습이 있었습니다.

왕별이가 고개를 끄덕이며 말했습니다. “나도 한때는 모두를 실망시킬까 두려워 내 마음을 검은 선글라스로 가렸었어. 하지만 진짜 중요한 건 남의 시선이 아니라 나의 진심이었어.”

튼튼이도 덧붙였습니다. “나도 등껍질이 깨졌을 때 모든 게 끝났다고 생각했지. 하지만 깨지고 상처 입어도 다시 일어서는 게 진짜 강함이더라.”

반디의 눈가에 뜨거운 눈물이 맺혔습니다. “저도… 저만의 빛을 가질 수 있을까요?”

디스어포인트가 분노하며 외쳤습니다. “헛소리! 작은 건 쓸모없다! 네까짓 희미한 빛은 어둠을 밝힐 수 없어!”

하지만 이번에는 반디가 흔들리지 않았습니다. 그는 자신의 가슴에서 깜빡이는 마지막 불씨를 가만히 들여다보았습니다. 그리고 조용하지만 단단한 목소리로 속삭였습니다.

“아니. 이 빛은 작을지도 몰라. 하지만 이건 다른 누구도 아닌, 바로 나의 빛이야.”

바로 그 순간이었습니다. 반디의 몸에서 터져 나온 빛은 세상을 압도할 만큼 밝지는 않았지만, 그 어떤 빛과도 다른, 세상에 단 하나뿐인 따뜻한 황금빛이었습니다.

그 고유한 빛이 퍼져 나가자, 디스어포인트의 거울 조각들이 쨍그랑! 날카로운 소리를 내며 하나씩 깨져 나갔습니다.

"안 돼! 나의 거울이!" 디스어포인트는 비명을 지르며 어둠 속으로 완전히 사라졌습니다.

디스어포인트가 사라진 자리에는, 깨진 거울 조각들이 모여 다채로운 빛을 품은 자존감의 보석이 영롱하게 빛나고 있었습니다. 보석은 스스로 목걸이가 되어 반디의 목에 걸렸습니다.

반디가 자신의 빛을 다시 한번 밝히자, 그 따뜻한 황금빛은 마을 전체에 퍼져 나가며 디스어포인트가 남기고 갔던 차가운 절망의 기운을 모두 녹여 버렸습니다.

그 빛을 본 다른 반딧불이들이 하나둘 용기를 내어 자신의 빛을 켜기 시작했습니다. 곧 온 마을이 각기 다른 색깔의 아름다운 빛들로 가득 찼습니다.

"나는 작지만, 그 자체로 특별해. 내 빛은 세상에서 단 하나뿐인 나만의 빛이야." 반디가 환하게 웃으며 선언했습니다.

왕별이가 활짝 웃으며 손을 내밀었습니다. "고마워, 마음 히어로즈와 함께해 줘서!"

마음 히어로즈 친구들은 다음 목적지를 향해 출발했습니다.

"너희들의 빛이 행복왕국을 반드시 지켜 줄 거야." 마음 히어로즈 친구들이 반딧불이 친구들을 향해 외쳤습니다.

이제는 저마다의 고유한 빛으로 가득 찬 반딧불이 친구들이 그들의 뒷모습을 아름답게 비춰 주었습니다.

느리지만 꾸준한 걸음의 기적,
거북이 차분이 이야기

마음 히어로즈 친구들이 도착한 곳은 서두름의 계곡이었습니다.

서두름의 계곡은 잠시도 쉬지 않았습니다. 강물은 폭포처럼 쏟아졌고, 꽃들은 눈 깜짝할 사이에 피고 졌습니다. 모두가 외쳤습니다. "빨리, 빨리! 더 빨리!" 그 정신없는 풍경 한가운데서, 거북이 차분이는 헐떡이고 있었습니다. 마음은 급한데 발은 자꾸 꼬였고, 차분하게 걸으려 할수록 세상은 더 빠르게 그를 스쳐 지나갔습니다. "안 돼…. 이러다 영원히 뒤처질 거야." 차분이는 금방이라도 울음이 터질 것 같았습니다. 차분이는 마음속에 조급함을 느꼈습니다.

차분이는 엄마 아빠를 찾기 위해 모래사장으로 가고 있었습니다. 차분이는 서두르고 허둥대다가 결국 주저앉고 말았습니다. 마음 히어로즈 친구들에게 눈물을 뚝뚝 흘리며 헐떡이는 거북이 차분이가 보였습니다.

왕별이가 다가가 다정하게 물었습니다. "차분아, 왜 그렇게 울고 있니?"

차분이가 울먹이며 대답했습니다. "흑…. 엄마 아빠와 약속했어요! 제가 알에서 깨어나면 푸른 바다 모래사장에서 만나기로 했는데, 제가 너무 늦으면 많이 걱정하실 거예요. 마음이 조급해서 자꾸 넘어지고, 힘들어서 오래 가지 못해요. 모두가 너무 빨라서 나만 뒤처지는 것 같아요!"

차분이는 울면서도 다시 일어나 허둥지둥 빠르게 서둘러 앞으로 나아가려다, 그만 또 발이 꼬여 넘어지고 말았습니다. 그리고 쉽게 지쳐서 멀리 가지 못하고 주저앉고 말았어요.

그 모습을 본 조급함의 빌런, 러쉬(Rush)가 번개처럼 나타나 차분이를 조롱하기 시작했습니다. "느림보 거북아! 네가 그렇게 꾸물대다간, **네 엄마 아빠는 영영 못 찾을걸?** 어쩌면 벌써 카오스의 부하들에게 잡혀갔을지도 모르지!"

"…!" 차분이의 심장이 쿵 내려앉았습니다. 러쉬의 말은 차분이가 마음속 가장 깊은 곳에서 두려워하던 것이었습니다.

러쉬가 다시 채찍을 내리치며 외쳤습니다. "느림보 거북아! 또 꾸물대는구나! 네 그 무거운 등껍질과 게으름 때문이야!"

"맞아…. 모두 이 등껍질 때문이야. 이건 세상의 속도로부터 나를 뒤처지게 만드는 짐일 뿐이야. 이 상처들은 모두 제가 실패했다는 증거같이 느껴져!"

왕별이가 차분이의 눈을 보며 말했습니다. "아니야, 차분아. 그건 감옥이 아니라 세상의 위험으로부터 너를 지켜 온 너만의 집이야."

튼튼이도 자신의 등껍질을 두드리며 말했습니다. "나도 내 상처가 부끄러웠어. 하지만 상처는 실패의 흔적이 아니라 성장의 과정이 되어 줄 수도 있어. 물론 잘 회복할 수 있다면 말이야!"

위즈덤이 금이 간 틈새를 부드럽게 어루만졌습니다.

"차분아, 이 금이 간 무늬들은 부끄러움이 아니라, 네가 얼마나 꿋꿋하게 너의 길을 걸어왔는지 보여 주는 영광의 훈장이란다."

"훈장…이라고요?" 차분이의 눈동자가 흔들렸습니다.

위즈덤은 차분이의 발 앞에 선 하나를 그으며 말했습니다.

"저 멀리 있는 목표를 보지 말고, 딱 다음 한 걸음씩만 보고 걸어가 보자. 서두르지 말고, 오직 너만의 꾸준한 속도로 말이야."

차분이는 깊게 숨을 들이쉬고, 결심한 듯 발을 내디뎠습니다.

한 걸음.

또 한 걸음.

러쉬가 분노하며 소리쳤습니다.

"겨우 한 걸음이라고? 더 빨리! 더 많이! 그러다 영원히 뒤처질 거야!"

하지만 이번에는 차분이가 흔들리지 않았습니다.

"아니. 느려도 괜찮아. 중요한 건, 속도가 아니라 방향이야. 나는 나만의 속도로 내가 가야 할 길을 꾸준히 나아갈 거야."

분노한 러쉬는 암흑 마법을 사용하여 서두름의 화살을 만들어 쏘았습니다.

"계속 그렇게 늦게 걷겠다면 내가 직접 너의 느려터진 발걸음을 재촉해 주마!"

서두름의 화살이 맹렬하게 날아오는 순간, 차분이는 당당하게 외쳤습니다.

"내 등껍질은 더 이상 짐 덩어리가 아니야. 나만의 삶과 인생을 지켜 주는 나의 소중한 집이자 방패라구!"

차분이는 머리와 네 다리를 등껍질 속에 깊숙이 넣었습니다. 차분이는 등껍질 집 안에 안전하게 들어가서 러쉬의 공격을 모두 튕겨낼 수 있었습니다. 서두름의 화살은 차분이의 등껍질 집을 뚫지 못하고, 가루가 되어 흩어져 버렸습니다.

러쉬는 당황했습니다. 자신의 가장 강력한 공격이 막히다니! 바로 그 순간, 차분이가 등껍질 속에서 나직하지만 단단한 목소리로 말했습니다. **"너의 조급함은… 나의 꾸준함을 이길 수 없어."**

이전과는 달리 자신의 공격이 전혀 통하지 않게 되자 "으악! 이 느리고 답답한 상황은 뭐야!" 러쉬는 스스로의 조급함에 못 견뎌 했습니다. 그리고 그의 급한 성격과 같이 연기처럼 도망쳐 버렸습니다. 카오스의 빌런 러쉬가 도망친 자리에는 꾸준함의 보석이 남겨져 있었습니다.

와이즈는 꾸준함의 보석을 나누어 꾸준함의 머리띠를 만들어 주었습니다. "너의 차분함과 꾸준함은 약점이 아니라 큰 힘이야. 꾸준히 나아가는 자만이, 행복과 사랑을 찾을 수 있어."

머리띠를 얻은 순간, 차분이는 꾸준함의 힘을 더욱더 느낄 수 있었습니다.

"나는 이제 더 이상 느린 속도를 부끄러워하지 않을 거예요. 느림 속에 숨겨진 꾸준함이야말로, 저를 가장 빛나게 하는 힘이니까요." 조급했던 마음이 사라지자 그동안 보이지 않던 길이 선명하게 보이기 시작했습니다. 모래사장으로 향하는, 작지만 안전한 오솔길이었습니다. 차분이는 더 이상 서두르지 않았습니다. 히어로들에게 고맙다고 인사한 뒤, 자신만의 속도로 꾸준히, 그리고 당당하게 발걸음을 옮겼습니다.

얼마 지나지 않아, 모래사장 끝에서 애타게 차분이를 찾고 있던 엄마 아빠 거북이가 보였습니다.

"엄마!", "아빠!"

차분이는 기쁨의 눈물을 흘리며 엄마 아빠의 품에 꼭 안겼습니다. 서두르지 않고 자신만의 걸음으로 나아갔을 때, 비로소 가장 소중한 목표에 닿을 수 있었던 것입니다. 차분이의 엄마가 눈물을 닦으며 말했습니다. "길을 잃은 줄 알고 얼마나 걱정했는지 모른단다. 이렇게 혼자 힘으로 찾아오다니, 정말 대견하구나!"

차분이는 자랑스럽게 대답했습니다. "네! 이제 알아요. 가장 빠른 길이 아니라, 저만의 길을 꾸준히 가는 게 중요하다는 걸요!"

그 따뜻한 모습을 지켜본 왕별이가 차분이에게 다가와 물었습니다. "차분아, 너의 그 멋진 꾸준함으로 우리와 함께 다른 친구들을 도와주지 않을래?"

부모님의 따뜻한 격려를 받으며, 차분이는 기쁘게 고개를 끄덕였습니다. 그렇게 차분이는 마음 히어로즈 구조대의 든든한 새 영웅으로 합류하게 되었답니다.

마음 히어로즈 친구들은 다음 목적지를 향해 출발했습니다.

고릴라 큰손이 이야기

마음 히어로즈 구조대가 도착한 곳은 죄책감의 숲이었습니다. 숲의 한가운데, 고릴라 큰손이가 슬픔을 못 이겨 쓰러져 있었지요. 큰손이는 숲의 큰 화재를 피해 도망치다가 절벽으로 떨어진 부모님과 아내를 구하지 못했다는 죄책감과 자책감으로 고통스러워하고 있었습니다. 큰손이의 눈빛은 슬픔의 눈물로 흐려졌고, 넓은 어깨는 죄책감의 무게에 짓눌려 굽어져 있었습니다. 그리고 그의 곁에는 죄책감을 불러일으키는 빌런, 길트가 있었습니다.

길트는 큰손이의 주변에서 끊임없이 속삭였지요. "화재로 인해 너의 가족들이 죽게 된 것은 모두 너의 잘못 때문이야. 네가 조금만 더 빨리 도착했더라면, 모든 가족을 살릴 수 있었을 거야. 그들의 마지막 눈빛을 기억하니? 그들은 너를 원망하고 있을 거야. 모두 네 잘못이야. 넌 행복하게 살 자격이 없어. 죄책감 속에서 고통스럽게 죽어 가야 해." 길트의 죄책감의 목소리는 큰손이의 마음을 완전히 무너뜨렸습니다.

마음 히어로즈가 조심스레 다가갔습니다. 왕별이가 먼저 말을 꺼냈지요. "위로가 될지 모르겠지만, 나도 카오스의 침략으로 왕국을 지키지 못했다는 사실과 아버지가 그 충격으로 돌아가신 것이 모두 내 잘못이라 생각하던 때가 있었어."

왕별이는 천천히 말을 이어 갔습니다.

"왕국이 무너진 것도, 아버지가 세상을 떠난 것도… 모두가 내 탓이라고만 생각했지. 하지만 아버지의 마지막 말이 나를 다시 일어나게 하는 용기의 이유가 되어 주었어. 그 말은 바로 내가 행복왕국을 다시 회복시켜 달라는 유언이었어. 그 말 속에 나는 아버지가 여전히 나를 믿고 있고, 행복왕국을 회복시키고 다시 친구들과 행복하게 살아가는 꿈을 포기하지 않으셨다는 사실을 깨달았던 거야. 나는 큰손이 너의 부모님과 아내가 너를 원망한다고 생각하지 않아. 오히려 너와 아이들이 죄책감을 버리고 행복하게 살아가기를 간절히 소망하고 있다고 생각해."

"반대로 만약 네가 죽고 너의 아내가 살았다고 해서 너는 아내를 원망하면서 아내가 죄책감에 괴로워하면서 죽어 가기를 바라겠니? 아니면 아내와 아이들이 인생을 행복하게 살기를 바라겠니? 왕별이가 물었습니다.

큰손이는 대답했습니다. “당연히 행복하기를 바랄 거야.”

“그래 맞아. 그들은 결코 널 원망하지 않을 거야. 너와 아이들이 상실감이라는 상처와 아픔을 극복하고 누구보다 행복하게 살아가기를 바랄 것이 분명해. 조금만 생각해 보면 너도 그것을 분명히 알 수 있을 거야!” 왕별이가 말했습니다.

“그래 맞아. 부모님과 아내라면 분명히 그럴 거야!” 큰손이가 깨달음을 얻은 듯이 고개를 끄덕였습니다.

“아니야! 그들은 분명히 널 원망하고 있을 거야! 그들의 마지막 눈빛과 표정을 떠올려 보라구!” 커다란 화재에 쓰러지던 가족, 닿지 못한 큰손이의 손, 멈출 수 없었던 사고의 순간들…. 길트(Guilt)는 큰손이의 아픈 기억을 자극해 계속 죄책감을 갖도록 만들기 위해 공격했습니다.

“크아아앙.” 큰손이는 사고가 났던 그날의 기억이 또다시 생각났고, 가슴이 답답함을 느꼈습니다. 큰손이는 자신의 가슴을 강하게 쿵쾅쿵쾅 치며 괴로워했습니다. “크아아아앙 죄책감으로 인해서 마음이 너무 괴로워!”

왕별이가 외쳤습니다. “위즈덤! 침묵 마법을 시전해 줘!”

“사일런스!” 위즈덤이 즉시 길트를 향해 침묵의 마법 사일런스를 외쳤습니다. 그러자, 길트는 더 이상 아무런 소리도 낼 수 없었습니다. 자기 자신이 더 이상 어떠한 공격도 할 수 없다는 사실을 알아챈 길트는 불평 가득한 표정으로 중얼거리며 그 자리를 떠나갔습니다. 길트가 떠나간 자리에는 용서의 보석이 떨어져 있었습니다.

왕별이는 차분한 목소리로 다시 큰손이를 위로하기 시작했습니다.

"큰손아, 네 부모님과 아내도 너와 아이들이 절망 속에서 살아가길 바라지 않을 거야. 그분들이 진정으로 원하는 건 네가 다시 행복해지는 거야. 많이 힘들 거라는 걸 알아. 그렇지만 꿋꿋하게 살아남아 예쁘게 성장하고 있는 아이들을 위해서라도 힘을 내줘! 죄책감이 주는 목소리는 결코 진실이 아니야. 우리가 이겨 낼 수 있도록 함께 도와줄게."

큰손이는 고개를 돌려 천진난만하게 놀고 있는 두 자녀를 보았습니다. 큰손이는 눈을 감고 깊이 숨을 골랐습니다. 그리고 마음속 깊은 곳에서 기억을 끌어냈습니다. 아기 고릴라들을 품에 안았던 따스한 체온, 아내와 함께 바라보던 붉은 노을,

그때의 행복했던 기억들…. 그리고는 연신 고개를 끄덕이며, 눈물을 닦았습니다. 그리고 이렇게 말했습니다.

"그래 맞아, 부모님과 아내도 내가 죄책감에 갇혀 살기를 바라지 않으실 거야. 이제 나도 나 자신을 용서해야겠어. 더 이상 죄책감에만 빠져서 남아 있는 아이들을 제대로 케어하지 못하는 일은 없어야겠지. 내가 다시 용기를 내야만 해."

왕별이와 구구는 큰손이가 빠르게 회복할 수 있도록 희망의 노래를 부르고 회복의 피아노를 연주해 주었습니다.

와이즈는 용사가 된 기념으로 용서의 보석을 3개로 나누어 용서

의 헬멧 3개를 만들어 큰손이와 아이들에게 선물해 주었습니다.

헬멧을 쓰는 순간, 큰손이는 마치 부모님과 아내로부터 "죄책감 갖지 말고 아이들과 함께 행복하게 살아!"라는 목소리가 들리는 것처럼 따뜻한 위로의 느낌을 받았습니다. 그 순간, 그동안 큰손이를 괴롭히던 죄책감의 감정이 산산이 부서져 흩어졌습니다. "나는 이제 나 자신 스스로를 용서하는 방법을 알게 되었어. 그리고 그 사랑으로 죄책감으로 힘들어하는 친구들을 도울게."

그런데 한참을 곰곰이 혼자서 생각을 하던 와이즈는 산불이 난 원인이 의아했습니다. 그래서 진실을 규명하는 마법 팩트 파인더를 시전하였습니다. 마법을 통해 과거의 영상이 친구들 앞에 보여

졌습니다. 그런데 그곳에서 길트가 마을에 불을 지르고 있는 장면이 보였습니다. “저! 저런 나쁜!…” 우연히 일어난 사고인 줄로만 알고 있었던 대형 화재가 카오스의 부하 길트가 한 짓이라는 것을 알게 된 큰손이는 말로 할 수 없이 큰 충격을 받았습니다. 그러나 잠시 후의 화면에서는 더 충격적인 사실을 알게 되었습니다. 큰손이의 아내가 절벽 아래의 강에 떨어져서 겨우겨우 힘겹게 강가로 헤엄쳐 나왔던 것이었습니다. 그러나 헤엄쳐 나오느라 모든 힘이 빠진 채로 카오스의 부하들에게 잡혔고, 그대로 카오스의 암흑의 탑으로 끌려가 노예처럼 카오스를 위해 암흑의 탑을 쌓고 있는 장면이었습니다. “아직 살아 있어! 부모님과 아내가 아직 살아 있어!” 큰손이가 희망적인 목소리로 외쳤습니다. 큰손이는 안도하는 마음을 느낌과 동시에 슬픔의 눈물을 흘렸습니다. “어서 가서 부모님과 아내를 구해야 해!” 큰손이가 격앙된 목소리로 외쳤습니다. “나의 부모님도 카오스에게 잡혀서 탑을 쌓는 노예가 되었어. 우리 같이 부모님을 구하러 가자!” 호산이도 울먹이는 목소리로 말했습니다.

“그래 우리 모두 힘을 합쳐 함께 카오스를 물리치러 가자!” 마음 히어로즈 친구들이 한목소리로 말했습니다.

마음 히어로즈 친구들은 서둘러 다음 목적지로 출발했습니다.

불평하는 친구
롱넥이와 투덜이 이야기

마음 히어로즈 친구들이 원망의 초원에 도착했어요. 이곳에는 서로 정반대의 고민을 가진 두 친구가 살고 있었죠.

한 친구는 키가 아주 큰 기린, 롱넥이었어요. 황금빛 털에 멋진 무늬를 가졌지만, 그의 입에서는 늘 원망하는 말과 불평하는 말이 흘러나왔습니다. “에휴, 나뭇가지들은 왜 이렇게 낮게 자라서 내 길을 막는 거야? 쯧, 땅은 또 왜 이리 멀어서 풀을 뜯기 힘드냐고! 세상 모든 게 다 엉망이야! 나한테 맞춰주는 건 하나도 없어!”, “세상에서 가장 불행한 기린은 바로 나야!” 롱넥이는 자신의 긴 목과 큰 키가 오히려 불행의 원인이라고 믿으며 세상을 원망했습니다.

다른 한 친구는 땅속 깊은 어둠에 사는 두더지, 투덜이였어요. 투덜이는 앞을 잘 보지 못하는 대신, 세상의 모든 소리와 냄새, 땅의 작은 떨림까지도 느낄 수 있었죠. 하지만 투덜이는 늘 햇빛 한번 제대로 못 보고 땅속에서 살아가는 자신의 처지를 비관하며 무력감을 느꼈습니다. "너무 무서워…. 한 발짝만 잘못 움직여도 깊은 구덩이에 빠질 것만 같아. 이 어둠 속에서 난 아무것도 할 수 없어."

두 친구의 약점을 알아챈 카오스의 부하 빌런, 컴플레인과 블레임이 다가왔습니다. 롱넥이가 세상을 탓하고 투덜이가 자신을 비관할 때마다, 블레임은 항상 그들이 불평과 불만족하도록 남을 탓하는 생각과 말을 주입하려고 하였어요. "그래, 롱넥아, 그래 투덜아. 너희들 말이 맞아. 너희는 잘못이 없어. 너희에게 모든 것을 맞춰주지 못한 세상이 잘못된 거야. 너흰 아무런 잘못이 없어. 그러니 원망하고 탓하는 게 당연하지 않니?", "투덜아, 롱넥이가 너무 높아서 네 목소리를 못 듣는 거 아니겠어? 걔는 너한테 관심도 없어!" 이렇게 비관적인 생각을 주입하여 롱넥이와 투덜이가 세상을 이해하려는 마음을 막았답니다. 블레임의 목소리에 두 친구는 점점 더 원망과 불평에 사로잡혀 갔습니다.

초원에 도착한 마음 히어로즈 친구들은 한눈에 문제의 핵심을 알아보았어요. 왕별이의 희망의 안경 너머로, 두 친구에게 불평불만을 하게 하는 **컴플레인**(Complaint)과 남 탓을 하게 만드는 **블레임**(Blame)이 있었습니다.

왕별이가 기운차게 외쳤어요. "안녕! 롱넥아, 투덜아! 우리는 너희를 도우러 왔어!"

하지만 롱넥이는 신경질적으로 소리쳤죠. "도와준다고? 네가 내 목을 짧게 만들어 줄 수 있어? 그럴 수 없다면 너희 도움은 필요 없어!"

위즈덤은 롱넥이의 분노에 맞서지 않고, 그 마음을 먼저 따뜻하게 읽어 주었습니다. "롱넥아, 세상이 너의 신체 조건에 맞춰 설계되지 않았다는 생각에 많이 힘들었겠구나." 늘 탓하기만 했던 롱넥이는 생전 처음으로 자신의 슬픔을 이해받는 기분이 들어서 잠시 투덜거림을 멈추었습니다.

위즈덤이 지혜로운 질문을 던졌습니다. "하지만, 롱넥아, 네가 땅을 원망할 때 땅이 조금이라도 너를 위해 좋은 방향으로 변한 적이 있니? 또는 네가 나뭇가지를 탓할 때 나뭇가지가 옆으로 비켜준 적이 있니?", "아니. 그럴 리가 없었지." 롱넥이가 코웃음을 쳤어요. "그렇다면… 그것들을 탓하고 원망하는 순간, 네 안에서는 무슨 일이 일어나니?" 롱넥이는 처음으로 자기 내면의 마음을 살펴보고 들여다보았습니다. "나는… 더 화가 나고, 더 기분이 안 좋아졌어.", "그래 맞아. 세상을 원망한다고 해서, 그리고 상대방을 원망한다고 해서 근본적으로 문제가 해결되지 않는 경우들이 많아, 오히려 내가 조금 더 이해하고 내가 조금 더 양보할 때 오히려 일이 잘 풀리고 관계가 좋아지는 경우도 있단다. 물론 모든 경우에 내가 먼저 이해를 해야 되는 것이지만 말이야. 너처럼 모든 일에 불평과 불만으로 일관해서는 상대방을 이해하고 세상을 이해하고 원만하게 살아가기가 어려울 수 있단다."

한편, 튼튼이는 투덜이가 숨은 바위틈에 바싹 엎드려 속삭였어요. "투덜아, 나도 한때 세상을 어둡게만 보던 시절이 있었어. 네 두려움이 얼마나 깊은지 알아. 하지만 네게는 다른 선물이 있지 않니? 너는 앞이 보이지 않는 대신, 무엇을 들을 수 있지 않니? 그러니 우리가 듣지 못하는 이야기를 들려주지 않겠니?" 튼튼이의 따뜻한 목소리에 투덜이는 아주 오랜만에 자신의 다른 감각들에 귀를 기울이기 시작했습니다. 땅속 물방울이 또르르 굴러가는 소리, 단단한 흙과 텅 빈 흙의 다른 울림, 풀잎 끝에 맺힌 이슬의 향기. 그는 자신이 가진 감각의 아름다움을 처음으로 의식했습니다.

마침내 위즈덤이 아주 특별한 제안을 했습니다. "롱넥아, 너의 큰 키는 등대처럼 우리가 볼 수 없는 먼 곳의 길을 보여 줄 수 있구나. 그리고 투덜아, 너의 예민한 귀와 코는 나침반처럼 그 길이 안전한지 알려 주지. 혹시… 너희 둘이 서로의 등대와 나침반이 되어 주는 건 어떻겠니?"

두 친구는 망설였지만, 용기를 내보기로 했어요. 그렇게 세상에서 가장 특별한 동행이 시작되었습니다. "저기, 뾰족한 바위 왼쪽에 안전해 보이는 길이 있어!" 롱넥이가 높은 곳에서 길을 찾아 외쳤어요. "아니야, 거긴 땅이 비어 있는 소리가 들려! 위험해!" 투덜이가 땅의 소리를 듣고 길을 안내했죠.

롱넥이는 더 이상 투덜거리지 않았어요. 친구의 안전한 길을 찾아주는 데 온 마음을 쏟았거든요. 투덜이도 더는 두려워하지 않았어요. 친구의 눈을 믿고 용감하게 앞으로 나아갔죠. 그들의 관심이 나의 불행에서 우리의 목표로 옮겨 가자, 비난의 빌런 블레임은 점점 그의 힘을 잃어가기 시작했습니다. 그리고 블레임은 마지막 힘을 짜내어 롱넥이와 투덜이를 비난했습니다. "안 돼! 너희는 서로 너무 달라. 그러니까 서로를 원망하고 비난하고 서로를 탓하란 말이야! 너희는 원래 그런 녀석들이잖아!" 블레임이 최선을 다해 그 둘이 서로를 원망하고 비난하게 만들려고 하였습니다.

그때 와이즈는 고마움의 마법 "땡스 기빙 라이트"를 시전하였습니다. 와이즈의 지혜의 보석에서 시작된 고마움의 빛이 롱넥이와 투덜이를 감싸고 그들의 마음을 회복시키기 시작했습니다. 이제 롱넥이와 투덜이가 서로를 위하는 마음은 그 어떤 어둠보다 강한 빛을 만들어 냈습니다. "아니야. 우리는 더 이상 비난하는 마음을 갖고 싶지 않아! 서로를 이해하고 존중하고 싶은 마음뿐이라고!" 두 친구의 마음속에서 피어난 서로에 대한 따뜻한 고마운 마음이 와이즈의 마법의 빛과 합쳐져 증폭되었고, 더욱 눈부신 빛이 되어 터져 나왔습니다.

"크아악!" 그 순수한 빛은 블레임에게는 견딜 수 없는 고통이었습니다. 고마운 마음의 빛을 정통으로 맞은 블레임은 "두고 보자, 카오스 님께 돌아가 더 큰 힘을 얻어 돌아올 테다!"라는 악에 받친 불평을 남기며 검은 연기와 함께 황급히 도망쳤습니다.

그리고 블레임이 사라진 바로 그 자리에서, 따스한 아침 햇살처럼 부드럽고 투명한 보석 2개가 빛나기 시작했습니다. 바로 **이해의 보석과 수용의 보석**이었어요.

보석의 빛이 그들의 외모를 바꾸지는 않았어요. 롱넥이의 목이 짧아지거나 투덜이의 눈이 보이게 되지도 않았죠. 하지만, 보석은 두 친구의 마음에 깊고 흔들리지 않는 평화를 가져다주었습니다. 롱넥이는 자신의 큰 키가 세상을 원망하기 위한 것이 아니라, 친구들의 길을 멀리까지 내다봐 주는 멋진 등대라는 것을 깨달았어요.

투덜이는 자신의 예민한 감각이 두려움의 이유가 아니라, 모두의 안전을 지켜 주는 소중한 나침반이라는 것을 알게 되었죠. "롱넥이는 이제 땅의 풀을 뜯기 위해 몸을 숙이는 것이 불편하다고 생각하는 대신, 이 자세로 투덜이가 사는 땅속을 조금 더 가까이 느낄 수 있겠네." 왕별이가 말했습니다. 롱넥이와 투덜이는 진실한 관계는 서로의 약점까지도 보듬어 주는 것이라는 사실을 깨달았습니다.

불평의 초원에는 더 이상 불평 소리가 들리지 않았습니다. 대신 서로를 위하는 롱넥이와 투덜이의 다정한 목소리만이 햇살 아래 반짝이고 있었답니다.

"롱넥아, 투덜아 우리와 함께 카오스를 물리치러 함께 가지 않겠니?! 너희를 괴롭히던 블레임도 카오스가 보낸 것이란다. 카오스를 물리치면 더 이상 아무도 우리 행복왕국의 친구들을 괴롭히지 못할 거야!" 왕별이가 말했습니다.

"좋아, 이제는 우리처럼 고통받았던 친구들을 도와주고 싶어!" 롱넥이가 말했습니다. "나도, 그래." 투덜이도 흔쾌히 승낙했습니다. 롱넥이와 투덜이도 이렇게 마음 히어로즈 구조대의 멤버가 되었습니다.

그들은 다음 목적지를 향해 기쁜 발걸음을 옮겼습니다.

웃는 가면을 벗은 토순이의 이야기

마음 히어로즈 친구들이 도착한 곳은 가면의 마을이었습니다. 마을의 모두가 각양각색의 가면을 쓰고 있었습니다. 유독 눈에 띄는 친구가 있었어요. 바로 언제나 웃는 표정의 가면을 쓰고 있는 토순이였습니다.

토순이의 가면에 그려진 표정은 겉으로는 환하게 웃고 있었지만, 그 가면 뒤에 어떠한 표정과 마음이 있는지는 아무도 알 수 없었습니다. 가면은 토순이의 본래의 마음과 표정을 가려 주는 도구였습니다.

사실 토순이의 얼굴에는 커다란 흉터가 있었답니다. 카오스의 공격이 있던 날, 토순이는 도망치는 길에 카오스의 부하들의 공격을 받고 얼굴에 큰 상처가 난 것이었어요. 이 상처는 큰 흉터로 남게 되었답니다. 이 마을에는 이렇게 카오스의 공격으로부터 다친 친구들이 모여 가면을 쓰고 살고 있었습니다.

"흉터가 생긴 건 너의 잘못이 아니야. 토순아. 네가 죄인처럼 가면을 쓰고 숨어야 될 이유는 없어." 마음 히어로즈 친구들이 토순이를 위로하였습니다.

하지만 카오스의 빌런이자 거짓말과 두려움의 그림자 페이크는 "흉터를 가려야만 너는 사람들 앞에 설 수 있어."라고 토순이와 가면 마을의 친구들을 공격하였습니다.

마음속 깊은 곳에 두려움을 느끼고 있었어요. 친구들이 자신의 상처 난 본래의 얼굴을 보면 자신을 떠나지 않을까 걱정했던 것이었어요.

페이크는 토순이가 조금이라도 슬프거나 외로운 감정을 느낄 때마다 어둠 속에서 속삭였습니다.

"네 슬픈 얼굴을 보이면 친구들은 모두 널 떠나 버릴 거야."

"힘든 모습을 보이는 건 약하다는 증거야. 모두 너에게 실망하고 말걸."

그 목소리가 들릴 때마다 토순이는 웃는 가면을 얼굴에 더 단단히 눌러썼습니다. 하지만 그럴수록 가슴은 점점 더 차갑게 식어 갔고, 가면의 무게는 천근만근 무겁게만 느껴졌습니다.

그때, 위즈덤이 토순이에게 다가가 조용히 말했습니다. 토순이의 웃음이 눈가에는 전혀 닿지 않는 것을 보았기 때문이지요.

"토순아, 매일 해가 쨍쨍할 수만은 없듯이 우리 마음에도 비가 오고 바람이 부는 날이 있단다. 너의 마음은 지금 어떤 날씨니?"

그 말에 토순이의 몸이 돌처럼 굳었습니다. 지금껏 단 한 번도 자신의 진짜 마음에 대해 질문을 받아 본 적이 없었거든요.

토순이가 망설이자, 왕별이가 그의 손을 꼭 잡아 주며 말했습니다.

"우리는 완벽하게 웃는 가면이 아니라, 때로는 울고 때로는 힘들어하는 너의 진짜 모습을 만나고 싶어. 그게 진짜 친구니까."

친구들의 진심 어린 말이 토순이의 마음에 닿으려는 순간이었습니다. 위기를 느낀 페이크가 최후의 발악을 시작했습니다. 이전의 속삭임과는 비교도 안 될 만큼 차갑고 날카로운 목소리가 토순이의 머릿속을 헤집어 놓았습니다.

"거짓말이야! 저들의 위선에 속지 마!"

페이크는 끔찍한 환상을 보여 주기 시작했습니다. 가면을 벗은 토순이를 향해 친구들이 손가락질하며 비웃는 모습, 실망한 눈빛으로 하나둘 등을 돌리고 떠나가는 모습이 눈앞에 생생하게 펼쳐졌습니다.

"봐! 결국 넌 혼자가 될 거야! 이 가면만이 너를 지켜 줄 유일한 갑옷이란 말이다!"

페이크의 공격은 목소리에서 그치지 않았습니다. 가면이 마치 얼굴에 달라붙는 것처럼 끈적하고 차가운 느낌이 들었고, 페이크의 손아귀가 심장을 꽉 움켜쥐는 듯한 고통이 몰려왔습니다. 토순이는 숨이 막혔고, 가면을 잡으려던 손에 힘이 풀렸습니다.

바로 그때였습니다. 심장을 옥죄는 페이크의 차가운 감각 너머로, 자신을 꼭 잡고 있는 왕별이의 따뜻한 손의 온기가 느껴졌습니다. 환상 속 친구들의 비웃음 소리 위로, 자신을 걱정하는 아트펀트의 진심 어린 목소리가 들려왔습니다.

아니야…. 이건 진짜가 아니야. 내가 지금 느끼는 이 따뜻함이 진짜야.

토순이는 눈을 질끈 감았습니다. 머릿속에서는 페이크가 만들어낸 끔찍한 환상이 폭풍처럼 몰아쳤지만, 온 신경을 친구들이 주는 온기와 진심에 집중했습니다.

두려움의 목소리와 진심의 목소리 사이에서, 토순이는 아주 작은 용기의 불씨를 발견했습니다. 혼자가 될지도 모른다는 공포보다, 친구들을 믿고 싶다는 간절한 마음이 더 커지는 것을 느꼈습니다.

"두려움과 걱정을 안겨 주는 목소리는 이제 완전히 사라졌으면 좋겠어!"

토순이는 마음속으로 외쳤습니다. 이것은 페이크를 향한 명령이자, 자기 자신을 향한 다짐이었습니다. 그는 다시 떨리는 손을 들어 가면을 잡았습니다. 가면은 여전히 무거웠지만, 이번에는 망설이지 않았습니다.

토순이가 마침내 가면을 벗어 던지는 순간, 모든 것이 변했습니다.

그를 괴롭히던 끔찍한 환상은 신기루처럼 사라졌고, 그의 마음에서 피어난 용기의 빛이 눈부시게 터져 나왔습니다. 그 순수한 빛을 정면으로 맞은 페이크는 더 이상 버티지 못했습니다.

"두고 보자…!"

페이크는 비명과 함께 연기처럼 흐려지더니, 어둠 속으로 꽁무니를 빼며 황급히 달아나 버렸습니다.

페이크가 사라지자 주변은 잠시 고요해졌습니다. 그리고 바로 그

페이크가 마지막까지 버티고 서 있던 자리에, 작고 영롱한 빛이 반짝이기 시작했습니다. 그곳에는 두려움이 가리고 있던 진실한 마음의 결정체, 자유함의 보석이 놓여 있었습니다.

토순이가 조심스럽게 보석을 집어 들자, 따스한 온기가 손바닥을 통해 마음속까지 전해졌습니다. 그 온기에 토순이의 얼굴에 잔잔한 미소가 번졌습니다. 가면의 인위적인 웃음과는 비교할 수 없을 만큼, 훨씬 더 따뜻하고 아름다운 진짜 미소였습니다. 가면을 벗은 토순이는 처음으로 자신의 얼굴을 어루만졌습니다. 흉터는 여전했지만, 더 이상 아프거나 부끄럽지 않았습니다. 이것은 숨겨야 할 약점이 아니라, 모든 것을 이겨 낸 용기의 증표였기 때문입니다.

가면을 벗은 토순이는 처음으로 자신의 얼굴을 어루만졌습니다. 흉터는 여전했지만, 더 이상 아프거나 부끄럽지 않았습니다. 토순이는 자신을 바라보는 왕별이와 친구들을 향해 거짓된 웃음이 아닌, 진심이 담긴 미소를 지어 보였습니다.

토순이는 비로소 깨달았습니다. "진정한 용기는 두려움이 없는 척하는 게 아니었어. 두려움 속에서도… 진실을 선택하는 마음, 그게 진짜 용기구나." 자기 자신의 모든 모습을 사랑해야 한다는 것을 깨달았습니다.

그날 이후, 토순이는 마음 히어로즈 구조대의 새로운 동료가 되었습니다. 그의 진솔한 미소는 더 이상 가면 뒤에 숨지 않고, 마음에서 피어나는 자유와 용기의 빛이 되어 다른 친구들을 비춰 주었답니다.

“우리는 카오스를 막기 위해서 여행하고 있어! 너도 우리 마음 히어로즈가 되어 친구들을 구조하러 함께 가지 않을래?! 카오스는 더 나쁜 계획을 꾸미고 있어! 더 큰 비극이 일어나기 전에 우리는 그들을 막아야만 해!” 왕별이가 말했습니다.

“그래 좋아! 나도 카오스를 막아야 할 이유가 생겼어! 행복왕국이 더 큰 아픔과 슬픔에 빠지기 전에 카오스를 물리치는 데 힘을 보태야겠어! 다만 지금은 마을에 상처받은 친구들의 마음을 더 회복하고 늦지 않게 너희를 따라갈게. 너희들 먼저 출발해 줘.” 토순이가 차분하게 대답했습니다.

“그래, 알았어. 토순아. 함께해 줘서 고마워!” 왕별이가 대답했습니다. 이렇게 마음 히어로즈 동료가 한 명 더 늘었습니다.

마음 히어로즈 영웅들은 다음 목적지를 향해 발걸음을 옮겼습니다.

폴짝이와 집중력의 방패

솜사탕처럼 몽글몽글한 구름이 가득한 **생각구름섬**.

그곳에는 특별한 문어, **폴짝이**가 살고 있었습니다.

폴짝이의 머릿속은 언제나 반짝이는 보물 창고 같았어요.

아름다운 노래의 멜로디, 멋진 그림의 아이디어, 신기한 조각상의 모양이 밤하늘 별똥별처럼 쏟아졌지요.

폴짝이는 두근거리며 새로운 일을 시작했지만, 끝까지 완성한 일은 거의 없었습니다.

그림은 가장 아름다운 색을 칠하기 직전에 멈췄고, 조각은 중요한 부분을 다듬기 전에 흩어졌으며, 노랫말은 후렴구 앞에서 사라져 버렸습니다.

그 곁에는 카오스의 부하, **산만이**가 찾아왔습니다. 산만이는 폴짝이가 끝까지 가지 못하게 만들었어요.

“에이, 이건 지루해! 저기 더 재밌는 게 있잖아!”, “어서 새로운 걸 시작하자!”

산만이의 속삭임에 폴짝이는 늘 바빴지만, 하루가 끝나면 미완성의 조각들만 남아 가슴이 무거워졌습니다.

어느 날, 폴짝이는 생각에 잠겨 걷다 **“퐁당!”** 구름 웅덩이에 빠지고 말았습니다.

흠뻑 젖은 몸을 일으키며 중얼거렸지요.

“난 왜 이럴까…? 무엇 하나 끝내지 못하는, 칠칠치 못한 문어인 것 같아….”

그때, **위즈덤**이 다가와 부드럽게 말했습니다.

“폴짝아, 네 머릿속의 반짝이는 생각과 넘치는 에너지는 큰 재능이란다. 다만, 아직 그 힘을 안전하게 다루는 법을 배우지 못했을 뿐이지.

생각을 자동차를 운전하는 것으로 가정해서 생각해 보렴. 처음 하는 운전은 누구나 서툴단다. 연습하면 누구든 멋진 운전자가 될 수 있지.”

위즈덤은 폴짝이에게 생각 자동차를 안전하게 몰기 위한 비밀을 알려 주었습니다.

어디로 갈지 목적지를 정하고, 출발하기 전 주위를 한번 살피고, 마음속으로 “**하나, 둘, 셋**” 숨을 고른 다음, 힘차게 “**출발!**” 하고 나아가기.

“혹시 길을 잘못 들어도 괜찮단다. 그때마다 난 왜 이럴까 하고 자책하는 대신, 다음엔 이렇게 해보자! 하고 배우면 되는 거야.”

폴짝이는 용기를 내어 작은 목표를 세웠습니다.

“좋아! 오늘은 구름 조각으로 토끼 한 마리를 끝까지 완성할 거야!”

산만이가 또 속삭였습니다.

“에이, 토끼는 시시해! 저기 멋진 용 모양 구름을 봐!”

하지만 폴짝이는 마음속으로 천천히 숫자를 세웠습니다.

“하나… 둘… 셋… 출발!”

오직 눈앞의 구름 조각에만 집중했지요.

그리고 마침내, 작고 귀여운 토끼 조각이 완성되었습니다!

"와! 내가 해냈어!"

그 순간, 산만이가 당황해서 가지고 있던 집중력의 보석을 떨어뜨렸습니다. 왕별이는 재빠르게 보석을 주워 폴짝이에게 가져다주었습니다. 폴짝이는 물방울처럼 맑게 반짝이는 **집중력의 보석**을 받았습니다.

산만이는 또 폴짝이를 방해하려고 시커먼 먹구름과 천둥번개를 만들어 냈습니다.

"쿠르릉! 번쩍! 꽈르르쾅!"

먹구름은 질투 어린 목소리로 으르렁거렸습니다.

"흥! 겨우 토끼 하나 만든 게 자랑이냐? 네 집중력은 내가 단숨에 흩어 버리겠어!"

산만이가 만든 어두운 생각 구름들이 밀려와 폴짝이가 만들던 작품을 날려 버리려고 했습니다.

폴짝이는 움츠리며 중얼거렸습니다. "안 돼… 또 나의 집중력이 흐트러지고 있어. 이렇게 또 모든 게 무너지는 걸까?"

그 순간, 위즈덤의 목소리가 마음속에서 울렸습니다.

"폴짝아, 네가 얻은 집중력의 보석을 기억하렴. 그 빛은 어떤 생각 폭풍도 막아 낼 수 있는 방패가 된단다." 폴짝이는 눈을 번쩍 떴습니다.

"하나, 둘, 셋… 집중력의 힘, 출발!" 그러자 손안의 보석이 눈부신 빛을 내며 거대한 **집중력의 방패**로 변했습니다.

“콰광!” 산만이의 번개가 방패에 부딪혀 힘없이 튕겨 나갔고, 먹구름의 모습도 점점 사라졌습니다.

폴짝이는 떨리는 목소리로, 그러나 단호하게 외쳤습니다. “이제 나는 집중할 수 있어. 내가 정한 길을 끝까지 갈 거야!”

먹구름은 이제 아무것도 할 수 없었고, 결국 도망치고 말았습니다.

맑게 갠 하늘 위엔 아름다운 무지개가 떠올랐고, 폴짝이가 완성한 토끼 조각은 더욱 의미 있게 빛났습니다.

폴짝이는 환하게 웃었습니다.

“아무리 무서운 생각 번개와 생각 폭풍이 와도, 내 안의 집중력의 방패만 있다면 나는 무엇이든 어떤 일이든 끝까지 완성해 낼 수 있어!”

그날부터 폴짝이는 매일 아침 작은 목표를 세우고, 이룰 때마다 자신의 **점프 달력**에 동그라미를 그렸습니다.

하루, 이틀, 사흘…. 작은 성공의 동그라미들이 모여 큰 무늬가 되었지요.

미완성으로 흩어져 있던 생각 구름섬은 이제 멋진 그림, 신나는 노래, 아름다운 조각으로 가득 찬 **예술의 섬**으로 완성되었습니다.

폴짝이는 더 이상 산만함에 쉽게 흔들리지 않았습니다.

이제 그는 반짝이는 생각을 끝까지 완성해 내는, 진정한 예술가가 되었지요.

"나도 마음 히어로즈 친구들과 함께하고 싶어!" 폴짝이가 웃으며 말했습니다.

왕별이와 친구들은 기쁘게 환영해 주었습니다.

그렇게 새로운 동료가 합류하자, 마음 히어로즈 친구들의 발걸음은 한층 더 가벼워졌습니다.

그들은 설레는 마음으로 다음 목적지를 향해 힘차게 출발했습니다.

분노가 많은 왈왈이 이야기

마음 히어로즈 구조대가 출동한 곳은 불과 용암과 연기가 끊이지 않는 '분노의 화산 마을'이었습니다. 땅은 늘 뜨거웠고, 공기 중엔 매캐한 연기 냄새가 많이 났어요. 그곳에 사는 시바견 왈왈이는 사실 웃는 얼굴이 무척 사랑스러운 강아지였습니다. 하지만 아주 작은 실망의 불씨 하나만 툭 떨어져도, 마음속에 거대한 불길이 치솟는 버릇이 있었어요.

다른 친구들과 모래성을 쌓다가 탑이 살짝 기울기만 해도, "이게 다 너 때문이야! 똑바로 못 해?" 하고 소리를 질렀습니다. 왈왈이가 으르렁거릴 때마다, 등 뒤에서 이글거리는 불꽃 빌런 '버럭이'가 분노를 돋우며 키웠습니다. 버럭이는 왈왈이가 내뿜는 분노의 열기를 꿀꺽꿀꺽 삼키며 자라는 사악한 빌런이었죠.

카오스의 부하 빌런 버럭이는 매번 작은 사건에 대해서도 왈왈이가 화를 내도록 만들려고 하였습니다.

"그래, 왈왈아. 넌 아무 잘못 없어. 저 친구가 널 무시하고 있잖아. 네가 얼마나 대단한지, 그리고 얼마나 화났는지 똑똑히 보여 줘야 해. 더 크게 짖고, 더 거칠게 굴어야 아무도 널 얕보지 못한다고!"

버럭이의 속삭임은 왈왈이의 분노에 기름을 부었습니다. 왈왈이의 마음에서 화가 용암처럼 부글부글 끓어올랐고, 친구들은 하나둘 지쳐 떠나갔습니다. 결국 늘 혼자 남게 된 왈왈이는 고독하고 외로웠지만, 그 외로움마저 '아무도 내 마음을 몰라 준다'는 새로운 분노의 이유가 될 뿐이었습니다.

마음 히어로즈 구조대가 도착했을 때, 왈왈이는 방금 친구의 발에 부서진 모래성을 보며 화가 나서 씩씩거리고 있었습니다. "왈! 왈! 다 저리 가! 아무도 필요 없어!"

그때, 왕별이가 조심스럽게 다가와 말했습니다. "왈왈아, 정말 속상했겠다. 온 마음을 다해 만든 성이 한순간에 무너졌으니, 화가 머리끝까지 날 만도 하지."

왈왈이는 깜짝 놀랐습니다. 늘 "화내지 마!"라는 꾸중만 들었는데, 누군가 자신의 화를 먼저 알아 주자 왈칵 눈물이 쏟아질 것 같았습니다. 짖는 것을 멈춘 왈왈이가 왕별이를 쳐다보자, 현명한 위즈덤이 차분한 목소리로 말을 이었습니다.

"왈왈아, 분노는 우리 마음에 불이 났다고 알려 주는 '화재경보기'와 같단다. 경보기가 시끄럽게 울리는 건, 위험을 알려 주니 정말 고마운 일이지. 하지만 경보기 소리에 놀라 온 집안을 부숴 버릴 필요는 없잖니? 우리는 그저 불이 시작된 작은 불씨만 찾아서 조심스럽게 끄면 되는 거야."

"불씨를… 제가 어떻게 꺼요?" 왈왈이가 훌쩍이며 묻자, 와이즈가 대답했습니다.

"바로 네 안에 있는 '마음의 잠시 멈춤' 버튼을 누르는 거란다. 화가 머리끝까지 치밀어 올라 폭발하기 직전, 딱 그 1초의 순간에 모든 것을 멈추는 거야. 그리고 코로 세상의 모든 시원한 공기를 마시고, 입으로 네 안의 모든 뜨거운 연기를 내뱉는 거지. 딱 세 번만. 그 짧은 시간이 네 마음의 화산이 폭발하는 것을 막아 줄 거란다."

바로 그때였습니다. 모래성을 무너뜨렸던 친구가 시무룩한 얼굴로 다가왔습니다.

"왈왈아, 정말 미안해. 내가 앞을 잘 못 봤어…. 우리 더 멋지게 다시 만들자!"

그 순간, 버럭이가 왈왈이의 등 뒤에서 왈왈이의 화를 돋우었습니다. "저 가식적인 사과에 속지 마! 본때를 보여 줘! 저 녀석 때문에 네 모든 노력이 물거품이 됐잖아!"

왈왈이의 두 발에 다시 힘이 들어갔고, 날카로운 이빨을 드러내며 입이 크게 벌어지려는 찰나, 위즈덤의 목소리가 귓가에 울렸습니다.

"바로 지금이야, 왈왈아! 네 안의 잠시 멈춤 버튼을 눌러!" 왈왈이는 눈을 질끈 감았습니다. 그리고 떨리는 몸으로 첫 숨을 깊게 들이마셨습니다.

'후우…' 첫 번째 숨을 내쉬자, 심장을 쿵쾅거리게 하던 긴장의 북소리가 조금씩 잦아들었습니다. 여전히 속은 부글거렸지만, 활활 타오르던 불길의 기세가 살짝 꺾인 느낌이었습니다.

'후우우…' 두 번째 숨을 내쉬자, 세상을 온통 새빨갛게 보이게 했던 분노의 생각이 사라졌습니다. 친구의 얼굴이 보였습니다. 비웃는 얼굴이 아니라, 정말 미안해하는 표정의 얼굴이었습니다.

'후우우우…' 세 번째 숨을 길게 내쉬자, 뜨거웠던 머릿속에 시원한 바람이 부는 것 같았습니다. 친구의 진심이 느껴졌고, 화에 가려져 보이지 않던 자신의 진짜 마음, '속상하고 외로웠던 마음'이 보였습니다.

왈왈이가 천천히 눈을 뜨자, 놀라운 일이 벌어졌습니다. 더 이상 왈왈이를 괴롭힐 수 없다는 것을 알게 된 버럭이가 도망을 가버린 것이었습니다.

그리고 버럭이가 사라진 자리에는 왈왈이가 스스로의 용기로 만들어 낸 평온한 마음이 굳어져 불꽃처럼 붉지만 손에 쥐면 오히려 시원함이 느껴지는 '평온함의 보석'이 영롱하게 빛나고 있었습니다.

왈왈이는 친구의 손을 슬며시 잡았습니다. "아니야. 나도 너무 크게 소리 질러서 미안해. 부서진 것은 다시 만들면 되지! 이번엔 더 높고 멋지게 함께 만들어 보자!"

그날 이후, 왈왈이는 화가 날 때마다 주머니 속 평온함의 보석을 만지며 '마음의 잠시 멈춤'을 떠올렸습니다. 그의 곁에는 다시 친구들의 웃음소리가 가득했고, 분노의 화산은 꽃과 나무가 자라는 아름다운 언덕이 되었습니다.

왈왈이는 마침내 깨달았답니다. 진정한 강함이란 가장 크게 짖는 것이 아니라, 가장 시끄러운 자기 마음의 소리를 잠재우고 다스릴 줄 아는 용기라는 것을요. 왈왈이는 더 이상 분노의 화산에 쉽게 휩쓸리거나 버럭이의 속삭임에 흔들리지 않았습니다. 이제 그는 자기 마음의 주인이자, 평온함을 지키는 용감한 파수꾼이 되었지요.

"나도 마음 히어로즈와 함께하고 싶어! 나처럼 부정적인 마음 때문에 힘들어하는 친구들을 도와 주고 싶어!"

왈왈이가 **평온의 보석**을 손에 쥔 채, 결심한 눈빛으로 외쳤습니다. 왕별이와 친구들은 환하게 웃으며 손을 내밀었고, 왈왈이는 기쁘게 그 손을 잡았습니다.

그렇게 새로운 동료가 합류하자, 마음 히어로즈의 발걸음은 한층 더 든든해졌습니다.

그들은 설레는 마음으로 다음 목적지를 향해 힘차게 출발했습니다.

다람이와 감사의 보석

다음으로 마음 히어로즈 구조대가 도착한 곳은 '결핍의 공원'이었습니다. 공원에는 온갖 종류의 도토리와 열매가 가득했지만, 이상하게도 그곳에 사는 동물들의 얼굴에는 기쁨이 없었습니다. 모두가 더 많은 것을 갖기 위해 서로를 경계하며 바쁘게 움직일 뿐이었습니다.

그중에서도 다람쥐 다람이는 가장 불안해 보였습니다. 그의 창고에는 이미 겨울을 몇 번이고 나고도 남을 만큼의 도토리가 산처럼 쌓여 있었지만, 다람이는 창고 앞을 떠나지 못하고 초조하게 중얼거렸습니다.

"아직 부족해. 저기 저 다람쥐의 창고가 내 것보다 더 큰 것 같아. 이러다 모든 걸 잃고 굶어 죽을지도 몰라."

다람이의 옆에는 불만족의 빌런, '**페씨미스틱**(Pessimistic)'이 앉아 있었습니다. 페씨미스틱은 다람이가 가진 것에 감사하지 못하게 하고, 과거의 상처를 들쑤셔 끝없는 불안과 불평을 만들어 내는 교활한 빌런이었죠.

"그래, 넌 항상 부족해! 예전에 겪었던 그 끔찍한 배고픔을 잊었나? 행복은 더 많이 가지고, 더 많이 쌓아 두는 것에 있어. 오직 너 자신만이 널 지킬 수 있다구!"

페씨미스틱의 속삭임에 다람이의 마음은 늘 공허하고 힘들었습니다. 그때, 마음 히어로즈 친구들이 다가가 말을 걸었습니다. "다람아, 너에겐 이렇게나 많은 도토리가 있는데, 왜 행복해 보이지 않니?"

마음 히어로즈의 질문에 다람이는 날카롭게 반응했습니다. "이것뿐이라고요? 이건 아무것도 아니에요! 언제 모든 게 사라질지 모른다고요!"

위즈덤은 다람이의 마음속 깊은 곳에 자리한 오래된 슬픔을 읽고 부드럽게 말했습니다. "다람아, 너의 불안은 이 도토리들보다 훨씬 더 오래된 것 같구나. 괜찮다면, 너의 이야기를 우리에게 들려줄 수 있겠니?"

위즈덤의 따뜻한 눈빛에 다람이는 그동안 아무에게도 말하지 못했던 과거를 털어놓기 시작했습니다.

"예전에 우리 집 창고는 텅 비어 있었어요…"

다람이의 이야기는 과거로 거슬러 올라갔습니다. 누구보다 성실하고 다정한 엄마, 아빠와 함께 행복했던 시절, 곧 더 따뜻한 새집으로 이사 가리라 약속했던 그날의 설렘. 하지만 어느 비바람이 치던 날, 도토리를 구하러 간 엄마가 실종되었고, 머지않아 아빠도 먹이를 구하러 일하고 돌아오는 길에 큰 사고를 당해 다리가 부러졌고, 오랫동안 일을 할 수 없게 되면서 모든 것이 무너졌습니다. 모아 두었던 도토리는 머지않아 바닥을 드러냈고, 텅 빈 창고를 보며 생활고에 시달리게 되자 다람이에게는 비관적인 생각이 찾아왔습니다.

"그 그림자는 이제 모든 게 끝이라고 속삭였어요. 우린 매일같이 굶주렸고, 이제는 더 이상 희망이 없다고 생각했죠."

다람이는 눈물을 글썽이며 말을 이었습니다. "그때 아빠는 제 손에 낡은 주머니를 쥐여 주며, 포기하지 말고, 모든 걸 잃었지만 아직 남은 마지막 하나를 찾아보자고 하셨어요. 그건 '감사 주머니'였어요. 저는 아빠의 따뜻한 품, 서로를 보며 웃어 줄 수 있다는 것, 그리고 무엇보다 우리가 아직 '함께 있다'는 것에 감사했어요. 그 마음이 빛이 되어 절망의 그림자를 몰아냈고, 마지막 남은 도토리 한 알을 나눠 먹던 그날 밤, 저희는 세상에서 가장 행복했어요. 그날의 깨달음이 바로 제 마음속 '희망의 보석'이었죠."

이야기를 마친 다람이가 슬프게 웃었습니다. "아빠는 회복되셨고, 우린 다시 열심히 도토리를 모았어요. 하지만 전 두려워요. 그 끔찍했던 배고픔과 무력감을 다시는 겪고 싶지 않아요. 그래서 멈출 수가 없어요. 희망의 보석이 빛나던 그 마음을 잊은 채, 그저 쌓아 두기만 하는 거예요."

페씨미스틱이 다시 속삭였습니다. "그래! 사랑이나 희망 따위가

배를 채워 주진 못했잖아! 중요한 건 도토리뿐이야!"

그때 위즈덤이 다람이의 손을 잡았습니다. "다람아, 넌 세상 가장 소중한 것을 이미 가졌었구나. 때로는 멀리 있는 별을 좇느라 발밑에 핀 아름다운 꽃을 보지 못할 때가 있단다."

위즈덤은 다람이의 손에 새로운 주머니 하나를 쥐여 주며 말했습니다. "이건 '감사 주머니'란다. 과거의 네가 절망 속에서 희망을 찾았듯, 현재의 네가 가진 소중한 것들을 다시 한번 발견해 보렴."

다람이는 마침 자신을 비추는 따스한 햇살을 느꼈습니다. "…따뜻한 햇살." 그 말을 하는 순간, 그의 손안에서 작은 온기가 느껴졌습니다. 이어서 그는 이제 마음껏 도토리를 모을 수 있는 자신의 튼튼한 두 다리와, 달콤한 산딸기 하나, 그리고 자신을 걱정하며 바라보는 마음 히어로즈 친구들의 얼굴을 떠올렸습니다.

"튼튼한 내 다리… 맛있는 산딸기…. 그리고 나를 찾아와 준 새로운 친구들."

감사의 말을 할 때마다 주머니는 점점 따뜻한 빛으로 차올랐습니다. 그 빛은 다람이의 눈을 가리고 있던 불안의 그림자를 서서히 걷어 내기 시작했습니다.

"안 돼! 가진 것을 감사하지 마! 과거의 고통을 기억하라고!" 페씨미스틱이 발악했지만, 이미 너무 늦었습니다.

다람이가 환하게 웃으며 외쳤습니다. "아니, 나는 이미 충분히 가지고 있었어! 과거의 아픔이 나를 지켜 줄 거라 믿었지만, 그건 나를 불안 속에 가두는 감옥이었을 뿐이야! 나는 행복하기 위해 필요한 모든 것을 이미 가지고 있었어!"

그 진심 어린 외침이 터져 나오는 순간, 다람이의 가슴속과 손에 든 '감사 주머니'에서 희미하지만 순수한 빛이 새어 나오기 시작했습니다. 위즈덤은 그 순수한 깨달음의 빛을 놓치지 않았습니다. 위즈덤이 지팡이를 높이 들어 올리며 외쳤습니다. **"감사의 빛이여, 용기 있는 마음에 깃들어 어둠을 몰아내라!"** 위즈덤의 마법은 다람이가 스스로 피워낸 작은 불씨를 거대한 횃불로 바꾸어 놓았습니다. 다람이의 손에 들린 감사 주머니에서 터져 나온 빛이 위즈덤의 마법과 공명하여, 눈을 뜰 수 없을 만큼 폭발적인 광채를 뿜어냈습니다. 그 강력한 빛의 파도는 페씨미스틱을 완전히 덮쳐 무력화시켰습니다.

페씨미스틱이 비명을 지르며 사라진 자리에는, 위즈덤의 마법과 다람이의 진심이 결합하여 만들어진, 따스한 햇살을 머금은 듯 영롱하게 빛나는 **감사의 보석**이 남아 있었습니다.

보석은 다람이의 마음을 진정한 풍요로움과 만족감으로 가득 채워 주었습니다. 그날 이후, 결핍의 공원은 서로가 가진 것을 나누고 함께 기뻐하는 '풍요의 공원'으로 변했답니다. 다람이는 자신의 도토리를 다른 동물들과 기꺼이 나누며, 진정한 행복은 '얼마나 가졌는가'가 아니라 '이미 가진 것에 감사하는 마음'에서 시작된다는 것을 모두에게 알려 주었습니다.

하지만 와이즈는 고개를 갸웃거렸습니다. 다람이의 가족에게 닥쳤던 불행이 단순한 사고가 아닌, 어떤 사악한 기운과 연결되어 있음을 느꼈기 때문입니다.

와이즈는 새로 태어난 '감사의 보석' 위에 손을 얹고 진실을 파헤

치는 마법을 사용했습니다. **"지혜의 마법이여, 과거의 장막을 걷고 숨겨진 진실을 밝히어라! 스쿠르티나이즈(Scrutinize)!"**

위즈덤의 마법에 감사의 보석이 강렬하게 빛나며 과거의 영상들을 허공에 비추기 시작했습니다. 영상 속에는 다람이가 몰랐던 충격적인 진실이 담겨 있었습니다. 다람이의 엄마는 아빠와 다퉈 집을 나간 것이 아니었습니다. 어둠 속에서 나타난 기괴한 형상의 그림자들이 엄마를 강제로 끌고 갔고, 그들은 저 멀리 보이는 **[암흑의 탑]**으로 끌고 갔습니다. 그리고 다람이의 엄마를 강제적으로 탑을 쌓는 노동에 동원시키고 있었습니다.

다음 영상에는 아빠가 비바람 속에서 먹을 것을 구하는 장면이 나타났습니다. 그때, 바로 그 그림자들이 언덕 위에서 거대한 밤송이를 굴려 아빠를 덮쳤고, 아빠는 밤송이를 피하다가 미끄러지며 크게 넘어져 다리가 부러지고 말았습니다. 그것은 불운한 사고가 아닌, 명백한 공격이었습니다.

위즈덤이 침통한 목소리로 말했습니다. "이건… 혼돈의 군주, 카오스의 부하들이다. 카오스는 세상의 행복을 파괴하고 그곳에서 피어나는 절망을 힘으로 삼는 빌런이야. 너희 가족의 행복을 질투하여 이런 끔찍한 일을 벌인 것이 분명해. 다른 몇몇 친구들의 부모님도 이렇게 카오스에게 잡혀가 버렸지."

다람이는 충격과 슬픔에 몸을 떨었습니다. 엄마가 단순히 실종된 것이 아니라 카오스의 부하들에게 납치되었다는 사실, 아빠의 사고가 누군가의 악의 때문이었다는 진실 앞에 눈물이 쏟아졌습니다. 하지만 이내 그 눈빛은 뜨거운 분노와 강철 같은 결의로 바뀌었습니다.

"엄마는 실종된 것이 아니었어요…. 아빠의 사고도…. 그런 줄도 모르고 저는…. 저는…. 카오스를 용서할 수 없어요!"

충격은 곧 분노로, 그리고 결의로 바뀌었습니다. 다람이는 마음 히어로즈를 향해 돌아보며 단호하게 외쳤습니다. **"저도 마음 히어로즈 구조대에 합류하게 해주세요! 제 어머니를 구하고, 세상을 불행하게 만드는 카오스에게 맞서 싸우기 위해서요!"**, "엄마를 구하고, 세상을 불행하게 만드는 카오스를 반드시 막아야 해요!"

마음 히어로즈 친구들은 결의에 찬 다람이의 어깨를 두드리며 그의 용기를 북돋아 주었습니다. 이제 마음 히어로즈와 새로운 용사 다람이의 여정에는 더욱 중요하고 시급한 목표가 생겼습니다.

그들의 걸음은 저 멀리 어둠의 에너지가 모이고 있는 [암흑의 탑]으로 향하고 있었습니다. 혼돈의 군주 카오스의 야망을 저지하고 다람이의 어머니를 구하기 위한, 길고 험난한 여정으로 출발하였습니다.

오버마인드 이야기

행복왕국이 카오스에 의해서 침략되기 전 시기에, 오버마인드는 행복왕국의 마법학교에 다니고 있었어요. 오버마인드는 매우 뛰어난 재능을 가지고 있었기 때문에 1등은 언제나 오버마인드의 차지였었지요.

하지만 오버마인드의 후배인 위즈덤이 입학한 후에는 1등의 자리가 위즈덤으로 바뀌어 버렸습니다. 두 살이나 어린 위즈덤의 마법은 날마다 더욱 찬란하게 발전하였고, 위즈덤의 실력은 오버마인드의 실력을 앞서가기 시작했습니다. 오버마인드의 마음속에는 1등을 하지 못한다는 불안감과 더불어 시기와 질투의 마음이 생기기 시작했어요. '지금까지 1등은 항상 나였었는데, 이제는 사람들도 모두 위즈덤만을 칭찬하는구나' 오버마인드는 반드시 1등의 자리를 되찾아야만 한다는 생각에 점점 더 강하게 사로잡히게 되었어요.

"한 번이라도 실수하면, 나는 끝장이야."

이러한 두려움이 마음의 벽에 작은 균열과 빈틈을 만들자, 그 약점 사이로 어둠의 군주 카오스가 찾아왔어요. 달콤한 목소리로 그의 귓가에 속삭였습니다.

"너의 그 1등을 향한 집착의 마음을 나에게 넘겨 주어라. 그러면 영원한 1등 자리를 지켜 낼 수 있는 힘과 능력을 너에게 주겠다. 그리고 그 힘으로 나를 위해 암흑의 탑을 쌓아라."

"어떠냐?! 이만하면 너와 나 모두에게 괜찮은 거래가 아닌가?!" 카오스가 말했습니다.

"좋아요! 다시 최고가 될 수만 있다면 내 집념을 당신에게 넘겨줄게요…." 오버마인드가 대답했습니다.

결국 오버마인드는 카오스의 속삭임에 넘어가고 말았어요. 오버마인드는 카오스의 어둠의 힘을 전달받았고, 그 힘으로 암흑의 탑을 쌓아 올리기 시작했어요.

하지만 오버마인드는 알지 못했어요. 그 탑이 세상의 모든 부정적인 마음들과 에너지를 모아들이고 흡수하여 어둠의 힘을 만들고, 그 어둠의 힘을 카오스에게 공급하는 거대한 마법 장치라는 사실을 말이에요.

탑이 하늘에 닿을 듯 높아질수록, 세상의 어두운 힘과 에너지는 더욱 커져 갔고, 카오스의 암흑의 힘도 더 커져 갔어요.

마침내 마음 히어로즈 친구들이 어둠의 탑에 도착했어요. 마음 히어로즈 친구들은 무섭고 슬픈 광경을 마주했어요. 영혼마저 빼앗긴 듯 공허한 눈으로 기계처럼 탑을 쌓고 있는 오버마인드를 발견한 거예요.

그리고 잡혀간 마음 히어로즈 친구들의 가족들과 여러 명의 행복왕국의 친구들도 그들 중에 포함되어 있었어요. 그들은 빌런들의 강압적인 힘에 의해 강제로 탑을 쌓는 일에 동원되고 있었어요. 노예처럼 착취당한 그들은 행복을 박탈당한 모습이었고, 그들의 외모는 기운을 모두 빼앗긴 듯 마치 해골처럼 앙상하게 말라 있었습니다.

"모두 위험해! 카오스가 오기 전에 가족들을 먼저 보호해야 해!" 위즈덤의 외침에 와이즈가 즉시 지팡이를 들었습니다. "매직 배리어!" 와이즈는 탑을 쌓던 행복왕국 친구들과 가족들의 주위에 안전한 빛의 보호막을 펼쳐 그들을 보호했습니다.

"오버마인드! 제발 그만해! 너는 카오스에게 속고 있는 거야!"

히어로즈의 외침은 강박적인 집착에 사로잡힌 오버마인드의 마음에 닿지 못했어요.

지혜로운 와이즈의 조언에 따라, 친구들은 희망을 담아 회복의 마법을 외쳤습니다.

"리커버리!"

오버마인드를 향한 위즈덤의 간절한 마음이 더해지자, 리커버리 마법은 희미한 빛이 되어 그의 마음 안으로 들어갔습니다. 히어로즈 친구들의 간절한 마음이 기적을 만들었을까요? 오버마인드의 텅 비어 있던 눈동자에 아주 작은 빛이 돌아왔습니다.

"너희는… 왜 여기에…." 오버마인드가 상황을 파악하기 위해 물었습니다.

"오버마인드! 널 구하러 왔어!" 위즈덤이 말했습니다.

"오버마인드! 너의 마음속 감옥에서 걸어 나와! 최고가 아니어도 괜찮아! 1등이 아니어도 괜찮다고! 완벽하지 않아도, 지금 너의 모습 그대로도, 넌 우리에게 충분히 소중한 친구이자 마법사야!" 위즈덤의 진심 어린 목소리는 꺼져가는 오버마인드의 의식 속에 따스한 등불처럼 번져 나갔습니다.

오버마인드는 잊고 있던 기억을 떠올렸어요. 비록 1등이 아니어도, 그저 마법이 좋아서 밤새워 마법을 탐구하던 어린 날의 즐거운 자신의 모습을 말이에요. 그리고 위험을 무릅쓰고 자신을 구하러 와준 친구들의 얼굴을 보았습니다. 오버마인드는 뒤늦게 깨달았습니다. 진정으로 소중한 것은 강박적인 1등에 대한 집착이 아니라, 가족과 친구들과의 소중한 관계였다는 것을요. 자기 자신을 구하기 위해 이 위험한 곳까지 찾아왔다는 사실을 깨닫고, 오버마인드는 정신을 차리고 친구들을 향해 외쳤습니다. "어서 돌아가! 여기는 너무 위험해!"

"너를 혼자 두고 갈 수는 없어! 어서 그 탑에서 내려와!" 마음 히어로즈 친구들이 절박한 목소리로 대답했습니다.

마음 히어로즈 친구들이 애타게 외쳤지만, 오버마인드는 절망적인 표정으로 고개를 저었어요.

"이미 너무 늦었어…. 카오스는 내가 나갈 수 없도록 암흑 마법의 힘으로 이 탑 안에 나를 가두었어. 이 탑을 무너뜨리지 않는 이상 나는 결코 나갈 수 없게 되어 있어. 그리고 이제 곧 탑의 꼭대기까지 암흑의 에너지가 완전히 충전될 거야! 그러면 카오스가 암흑의 에너지를 모두 흡수해서 어둠의 힘을 완성할 거야! 카오스의 힘이 완전히 완성되기 전에 어서 도망쳐! 너희들의 힘으로는 결코 카오스를 이길 수 없을 거야!" 오버마인드가 두려워하며 외쳤습니다.

그러나 위즈덤과 친구들은 오버마인드를 포기하지 않았습니다. 암흑의 힘이 카오스에게 흡수되는 것을 막기 위해 탑을 무너뜨리고, 오버마인드를 구하려고 하였습니다.

그때 와이즈가 말했습니다. "저 어둠의 탑은 오버마인드의 강력한 집념의 마법 벽돌로 쌓아 올린 강력한 마법의 탑이야! 오버마인드의 가장 강력한 생명의 희생마법, 세크리파이스가 아니라면 아무도 저 탑을 무너뜨릴 수 없어! 하지만 희생마법을 쓰게 된다면 오버마인드는 목숨이 위험하게 될 거야."

바로 그 순간, 카오스가 나타났습니다.

"크하하하! 이제야 깨달았느냐, 어리석은 오버마인드! 너는 암흑의 탑에 어둠의 에너지를 모으기로 나와 계약을 하지 않았더냐! 네녀석의 집착과 욕심, 끝없는 불안감이야말로 탑에 힘을 모으는 최고의 수단이었다! 완벽한 최고가 되고 싶다는 너의 집착이 너 스스로를 함정에 가둔 것이지. 이제 탑의 힘이 완성되었으니, 이제 더 이상 오버마인드 너의 이용 가치는 없어졌다." 이 말이 끝나자마자 카오스는 탑에 쌓여 있는 어둠의 힘을 흡수하려고 했습니다.

"안 돼! 카오스가 힘을 흡수하는 것을 막아야 해." 마음 히어로즈들이 외쳤습니다.

오버 마인드는 이제서야 깨달았습니다. "그래…. 나는 더 이상 1등이나 최고가 아니어도 괜찮아! 이제 나에게는 최고와 1등이라는 것은 더 이상 중요하지 않아. 나 스스로를 끊임없이 다른 사람들과 비교하며 나를 괴롭혔던 거야! 이제 나는 나의 소중한 친구들과, 행복왕국을 지켜 내고 싶어! 이제 모든 잘못된 것들을 바로잡아야 해!"

오버마인드는 죽음을 각오하고 자신의 모든 힘을 다해 탑을 해체하고 파괴하는 마법을 시전하기 시작했습니다. 그것은 곧 오버마인드 자신의 생명력도 파괴되는 것을 의미했습니다. 그는 자신의 죽음으로써 탑을 무너뜨리고 속죄하고자 했던 것입니다. 탑을 파괴하기 위해서는 그 방법밖에는 없었습니다.

"세크리파이스!" 오버마인드의 입에서 탑의 붕괴를 명령하는 마법이 시전되었습니다.

오버마인드 안에 잠재되어 있던 모든 마법 에너지가 탑을 무너뜨리려 흔들기 시작했습니다.

욕망과 질투심으로 쌓아 올렸던 암흑의 탑은 마치 고통을 느끼는 듯, 마치 큰 천둥소리를 내며 위에서부터 와르르 무너져 내리기 시작했습니다.

"안 돼! 오버마인드 네 이놈! 감히 나의 계획을 방해하려 들다니…! 나의 편이 되기를 거부한다면, 소멸만이 있을 뿐이다!"

분노한 카오스는 어둠의 번개 "블랙 썬더!"를 만들어, 오버마인드를 향해 던졌습니다.

"으악!"

블랙 썬더 마법에 당한 오버마인드는 짧은 비명과 함께 탑 아래로 힘없이 떨어지고 말았습니다. 카오스의 공격에 오버마인드는 크게 다치고 말았습니다. 오버마인드가 의식을 잃고 쓰러지자 탑을 무너뜨리려던 강력한 마법, 세크리파이스의 힘도 약해졌습니다. 그리고 탑을 완전히 무너뜨리지 못하고 말았습니다.

오버마인드의 위대한 희생과 카오스의 소멸

"그래. 이참에 탑의 힘과 함께 더 이상 쓸모 없어진 부하들의 힘도 함께 흡수해야겠다."

카오스가 "앱소브(Absorb) 다크 에너지" 마법을 시전하자, 탑에 모여 있던 암흑 에너지가 마치 거대한 블랙홀처럼 거대한 소용돌이가 되어 카오스에게로 빨려 들어갔습니다. 그뿐만이 아니었어요. 마음 히어로즈 친구들을 공격하고 괴롭혔던 카오스의 부하 빌런들의 암흑 에너지도 검은 연기처럼 카오스에게 흡수되어 빨려 들어갔습니다. 흡수된 암흑 에너지는 카오스를 더욱 거대하고 강력하게 만들었어요.

어둠을 삼킨 카오스는 하늘을 가릴 만큼 커졌고, 그의 몸에서는 세상의 모든 부정적인 마음을 모아 놓은 것만 같은 절망의 에너지가 폭풍처럼 휘몰아쳤습니다.

"하하하하하! 드디어 나의 어둠의 힘이 완성되었다. 이제 너희들은 더 이상 내 상대가 되지 못한다. 이제 너희들은 먼지처럼 사라지게 될 것이다!" 카오스는 거대해진 힘에 도취되었고, 자신감에 넘쳐서 외쳤습니다.

"완성된 어둠의 힘을 보여 주겠다! 보아라! 나의 암흑 마법을! 블랙썬더! 블랙 토네이도!"

카오스는 마음 히어로즈를 향해 어둠의 번개 마법인 블랙썬더와 암흑 태풍 마법인 블랙 토네이도를 시전했습니다.

하늘에서는 번쩍이는 번개가 쏟아지고, 땅 위에 있는 모든 것을 집어삼키려는 검은 회오리가 일어났습니다. 위즈덤과 와이즈가 펼친 마법 방패는 완성된 어둠의 힘 앞에 위태롭게 약해지고 있었습니다.

"아직 완전히 쓰러지지 않았군! 언제나 나의 일을 방해하던 성가신 녀석들! 그렇다면 나의 궁극의 암흑 마법으로 너희들을 끝장내주마!" 카오스가 외쳤습니다.

"아마겟돈! 블랙홀!"

카오스의 머리 위로 칠흑같이 검고 어두운 블랙홀이 하늘까지 점점 커지며 모든 것을 암흑 속으로 빨아들이고 있었습니다. 그곳으로 빨려 들어간 모든 물체들은 어둠의 블랙홀 속으로 소멸되어 사라져 버렸습니다.

“위즈덤! 매직실드를 준비해 줘!”

“매직실드!” 위즈덤은 즉시 방패 마법인 매직실드를 시전하여 마음 히어로즈 친구들 앞에 마법의 방패를 소환하였습니다.

“매직 배리어.” 와이즈는 매직 배리어를 시전하여 커다란 마법 장벽을 만들었습니다.

마음 히어로즈 친구들은 혼신의 힘을 다해서 카오스의 공격을 막고자 하였습니다. 하지만 모든 암흑의 힘이 흡수된 카오스의 힘은 너무나도 강력했습니다. 그들은 곧 완성된 카오스의 힘에 밀리기 시작했습니다.

“으악! 더 이상은 버틸 수 없을 것 같아….” 카오스의 강력한 힘에 용사들의 힘은 점점 떨어졌습니다. 마침내 매직실드와 매직 배리어 마법이 카오스의 암흑의 마법에 밀려 소멸되고 말았습니다.

실드와 배리어가 파괴되자 마음 히어로즈 친구들은 암흑 태풍에 휩쓸려 여기저기에 부딪쳤습니다. 그리고 어둠의 번개에 계속해서 큰 상처를 입고 있었습니다.

마음 히어로즈 친구들도 태풍같이 강한 블랙홀에 휩쓸려 가려는 순간이었습니다.

"무지개 실드!", "에너지 필드!", "그레이트 배리어!", "소울 프로텍트!"

왕국 곳곳을 지키던 다른 모든 친구들이 마지막 결전의 장소로 날아와 힘을 보탠 것이었어요! 몇 겹의 영롱한 마법 방패가 블랙홀의 무서운 힘에 저항하며 히어로즈를 감쌌습니다.

"흥… 어리석은 것들. 20개의 마음보석의 힘이 모두 합해지지 않는 이상, 나의 완전한 어둠을 이길 수는 없을 것이다." 카오스가 말했습니다.

카오스의 말이 맞았어요. 20개의 보석이 한자리에 모였지만, 의식을 잃은 오버마인드의 균형의 보석만이 빛을 잃은 채 잠들어 있었습니다.

"오버마인드! 오버마인드!" 마음 히어로즈 친구들은 오버마인드를 간절히 불렀습니다.

친구들의 간절함이 닿았던 것일까, 친구들의 간절한 외침을 듣고, 무너진 탑의 잔해 속에서 크게 다친 오버마인드가 희미하게 눈을 떴습니다. 그리고 마지막 힘을 다해 보석의 힘을 깨우려 하였습니다.

"아직 죽지 않았나 오버마인드! 이제 영원히 잠들어라! 다크썬더 애로우!" 카오스는 그 마지막 희망의 불씨를 허락하지 않으려 오버마인드를 완전히 없애려고 하였습니다.

카오스가 오른손을 들어 다크썬더 애로우를 외치자 마법으로 만들어진 번개 속성의 거대한 화살이 쏜살같이 빠른 속도로 오버마인드에게 날아가 그대로 명중했습니다.

오버마인드는 더욱 고통스러운 비명을 질렀습니다.
"으아아아악!"

친구들은 오버마인드를 돕고 싶은 마음이 간절했지만 마법장벽을 유지하기 위해 한 발짝도 움직일 수 없는 상황이었습니다.

극심한 고통 속에서, 오버마인드의 눈에 들어온 것은 자신을 구하기 위해 필사적으로 싸우는 친구들의 모습이었습니다.
그 순간, 오버마인드의 마음속에는 죽음마저 두렵지 않은 간절함이 생겼습니다.

"내가 죽더라도… 친구들을 살릴 수만 있다면…."
오버마인드는 간절한 마음을 담아 마지막 남은 모든 힘을 다해 균형의 보석의 잠재되어 있는 힘과 시전자의 모든 힘을 소모시키는 희생 마법, 세크리파이스를 사용하였습니다.

그것은 자신의 모든 목숨과 생명력을 빛의 에너지로 바꾸어 빛에너지의 대폭발을 일으키는 숭고한 희생의 마법이었어요.

"세크리파이스!"

죽어가던 오버마인드의 입에서 숭고한 희생 의지를 담은 마법이 시전되자, 그의 균형의 보석이 새벽의 태양처럼 찬란한 빛의 폭발을 만들어 냈습니다. 그 빛은 다른 보석들과 아름답고 눈부시게 공명하며, 거대하고 연쇄적인 빛의 폭발을 일으켰습니다. 그것은 모든 어두움을 소멸시키고, 상처 입은 모든 것을 치유하는 원천적인 회복의 빛이었습니다.

"안 돼! 그 마법을 사용하면 너 또한 죽게 될 거야!" 카오스가 다급하게 외쳤습니다.

의식을 잃어가면서 오버마인드는 조용히 말했습니다. "그래 카오스. 너와 나는 동시에 소멸하게 될 거야. 친구들을 구할 수만 있다면, 나는 더 이상 죽음도 두렵지 않아." 빛의 파동은 순식간에 카오스에게 닿았고 카오스를 빠르게 소멸시켰습니다.

"크아아악, 안 돼! 이럴 수는 없어! 다시 공허한 어둠 속으로 돌아갈 수는 없어…. 나는 반드시… 반드시 다시 돌아올 것이다! 반드시!"

카오스의 마지막 외침은 거대한 빛의 폭발 속에 묻혀서 흔적도

없이 사라져 버렸습니다. 행복왕국을 어둠의 소용돌이에 휩싸이게 만들었던 카오스는 그렇게 소멸되었습니다.

거대한 빛의 폭발이 일어났던 자리에, 오버마인드의 숭고한 마음이 담긴 '균형의 보석'만이 새벽녘 별처럼 영롱한 빛을 내며 남아 있었습니다. 위즈덤은 슬픈 마음으로 그 보석을 집어 들었습니다.

회복된 행복왕국과 다시 빛나는 마인드스톤

카오스가 소멸하고 침체의 도시에 새벽이 찾아온 후, 마음 히어로즈 구조대는 마침내 그들의 여정이 시작되었던 곳, **행복왕국의 심장부인 무지개 호수** 앞에 다시 섰습니다. 와이즈의 보호막 덕분에 무사했던 친구들과 가족들은 히어로들과 부둥켜안고 기쁨의 눈물을 흘렸습니다.

아직 온전한 빛을 되찾지 못한 왕국은 숨죽인 채 그들을 기다리고 있었습니다.

히어로들의 손에는 각자의 상처와 눈물, 그리고 용기가 담겨 빛나는 20개의 마음보석이 들려 있었습니다. 그것은 빼앗겼던 왕국의 보물이자, 회복을 의미하는 그들 자신들의 마음보석이었습니다.

위즈덤이 고개를 끄덕이자, 히어로들이 한 명씩 호수 중앙의 커다란 바위 앞으로 나아갔습니다.

왕별이가 가장 먼저 희망의 보석을 내려놓았습니다. 보석에서는 두려움의 어둠을 가르는 새벽별같이 아름다운 빛이 흘러나왔습니다. **튼튼이**는 자신의 상처투성이 등껍질처럼 단단하게 빛나는 견고함의 보석을 놓았습니다. 그 빛은 갈라진 대지를 감싸는 따뜻한 흙의 아름다움과 회복을 상징하는 금빛으로 이어진 상처 회복의 예술 킨츠기 예술을 품고 있었죠. **위즈덤**은 용기의 보석을 올렸습니다. 슬픔을 이겨 낸 사랑이 얼마나 강하고 아름다운지를 보여 주는 찬란한 색깔의 빛이었습니다.

히어로들은 한 명씩 자신의 이야기를 담은 보석을 바위 위에 올려놓았습니다. 지혜, 용기, 희망, 견고함, 회복, 창의력, 활력, 인내심, 존중, 사랑, 자존감, 꾸준함, 용서, 이해, 수용, 진솔함, 집중력, 평온함, 감사함. 모두가 각자의 보석을 내려놓았고, 마지막으로 위즈덤이 슬픔과 존경을 담아 오버마인드의 '균형의 보석'을 조심스럽게 올려놓았습니다. 친구들을 위한 그의 숭고한 희생이 보석 안에 빛으로 남아 있었습니다.

20개의 보석이 모두 모이자, 각각의 보석에서 흘러나온 빛의 모습들이 마치 서로를 알아보듯, 부드럽게 이어지기 시작했습니다. 20가지 보석들에서 나온 빛깔들이 서로의 색이 조화롭게 어우러져 아름답고 찬란한 예술을 이루었습니다.

빛들은 밝고 찬란한 섬광과 함께 하나의 거대한 보석으로 합쳐져 새로운 **마인드스톤**으로 복원되었습니다. **회복과 성장의 증거**였습니다.

마인드스톤이 회복되자, 행복왕국 사람들의 얼굴에 진정한 행복과 웃음이 돌아왔습니다.

회복된 왕국을 행복한 마음으로 바라보던 위즈덤이 조용히 말했습니다. “마음의 행복은 한번 되찾았다고 해서 영원히 그 자리에 머무는 것이 아니에요. 우리가 매일 물을 주고 정성스럽게 가꾸어야 하는 소중한 꽃과 같아요.”

위즈덤은 히어로 한 명 한 명의 눈을 맞추며 말을 이었습니다. “진정한 히어로는 상처가 없는 사람이 아닙니다. 자신의 상처와 그림자를 담대하게 마주하고, 그것을 극복하며 용기를 내어 다시 한 걸음 앞으로 나아가는 사람, 바로 여러분들 한 사람 한 사람이 진정한 영웅입니다.”

그 말에 히어로들은 서로를 마주 보며 환하게 웃었습니다. 더 이상 상처 입은 아이들이 아닌, 자신의 상처를 빛나는 훈장으로 여기는 성숙한 영웅들의 미소였습니다. 그들은 모두 함께 외쳤습니다.

“우리는 모두, 우리 마음속 행복왕국을 지키는 마음의 히어로들이다!”

그들의 목소리는 회복된 행복왕국 전체에 울려 퍼졌고, 새롭게 태어난 마인드스톤은 그들의 맹세에 화답하듯 세상 가장 따뜻한 빛으로 영원히 빛나고 있습니다.

우리 마음속의 행복왕국과 마음 히어로즈

마음 히어로즈 구조대의 위대한 여정이 막을 내렸습니다. 우리는 겁쟁이 사자 왕별이가 희망을 되찾고, 등껍질 깨진 달팽이 튼튼이가 상처를 황금빛 훈장으로 여기게 되는 과정을 함께 지켜보았습니다. 어둠의 군주 카오스와 그의 부하들이 퍼뜨리는 절망과 두려움에 맞서 싸우는 영웅들의 모습에 함께 가슴 졸이고, 또 뜨겁게 응원했지요.

이제 우리는 이야기의 마지막 장에 서서 한 가지 중요한 질문을 마주하게 됩니다. '마음 히어로즈가 사용했던 마법은 과연 동화 속에만 존재하는 것일까?' 히어로들이 보여준 용기와 지혜는 사실 우리 모두의 마음속에 잠들어 있는 마음의 힘이랍니다.

이 책에서 말하는 '마인드스톤'이 상징하는 행복은 단순히 즐거운 기분만을 의미하지 않습니다. 그것은 카오스와 같은 어둠이 찾아왔을 때에도 무너지지 않고, 다시 일어서서 빛을 향해 나아갈 수 있는 '마음의 힘'을 의미합니다. 심리학에서는 이를 '심리적인 건강함' 또는 '회복탄력성'이라고 부릅니다.

용기, 희망, 자기수용, 감사, 꾸준함과 같은 마음보석들은 우리가 어려움을 이겨 내고 성장하는 데 필요한 '심리적 자원'을 상징합니다. 이것은 특별한 사람만 가진 마법 아이템이 아니라, 우리가 연습하고 노력하면 누구나 키울 수 있는 마음의 근육과 같습니다.

반대로 카오스와 그의 부하 빌런들은 우리의 마음을 병들게 하는 '부정적인 생각'을 의인화한 모습입니다. 이들은 외부에서 오기도 하지만 우리 마음속에 나타나는 부정적인 생각들입니다. 예를 들어, 절망의 안경을 씌우는 '데스페어'는 모든 것을 부정적으로만 보게 만드는 생각의 습관(인지 왜곡)입니다.

그렇다면 히어로들은 어떻게 이 강력한 빌런들을 물리칠 수 있었을까요? 그들의 마법은 바로 인지행동치료(CBT)의 핵심 원리인 '생각, 감정, 행동의 연결고리'를 이해하고 활용하는 것이었습니다.

어떤 사건이 일어났을 때, 우리의 **감정**(Feeling)과 **행동**(Behavior)을 결정하는 것은 '사건 그 자체'가 아니라 그 사건을 해석하는 우리의 **생각**(Thought), **이해**(Understand), **인지**(Recognition), **수용**(Acceptance)이라는 이론입니다.

[달팽이 튼튼이의 예]

- 사건: 도토리가 떨어져 등껍질 집이 깨졌다.
- 생각(빌런의 속삭임): "또 도토리가 떨어질 거야! 이 세상은 너무 위험해! 나는 결코 안전하지 않아!"
- 감정: 극심한 불안, 공포, 트라우마, 외상 후 스트레스
- 행동: 동굴에 숨어서 나오지 않는다(회피).

이때 마법사 위즈덤과 친구들은 튼튼이의 '생각'에 긍정적으로 이해하고 행동할 수 있도록 개입했지요. "정말 또 도토리가 떨어질까? 세상 모든 곳이 다 위험할까?"라는 질문을 통해 과대하게 왜곡된 생각을 바로잡아 주고, "딱 한 걸음만 나가 보자."라며 작은 행동의 변화를 이끌어 냈습니다. 그러자 튼튼이의 감정과 행동도 자연스럽게 바뀔 수 있었던 것입니다.

이제 우리도 일상에서 마음 히어로즈의 회복 방법을 사용할 수 있습니다. 우리 마음을 하나의 정원이라고 상상해 보세요. 때로는 부정적 생각이 자라날 수 있지만, 꾸준히 회복하고 가꾸어 준다면 언제나 아름다운 꽃(행복)을 피울 수 있습니다.

어떤 일로 기분이 갑자기 나빠지거나 불안해질 때, 잠시 멈추고 내 머릿속에 어떤 생각이 스쳐 지나갔는지 생각해 보아요. '역시 난 안 돼!(자기 비난)', '모두 날 싫어할 거야!(성급한 일반화)', '이건 완전히 망했어!(흑백논리)'와 같은 생각들이 바로 우리 마음의 평온함을 방해하는 빌런들입니다. 그들의 정체를 알아차리는 것만으로

도 변화는 시작됩니다.

위즈덤의 지혜로운 질문처럼 알아차린 부정적인 생각에 '정말 그럴까?' 하고 질문을 던져 보세요.

"이 생각이 사실인가 아니면 나의 오해인가?", "혹시 더 나은 다른 방법은 없을까?", "친한 친구가 이런 생각을 한다면, 나는 뭐라고 말해 줄까?" 이 질문들은 세상을 더 객관적이고 긍정적으로 보도록 도와줍니다.

용기 있는 한 걸음 내딛기. 두렵고 불안해서 피하고만 싶은 일이 있나요? 튼튼이가 동굴 밖으로 딱 한 걸음만 내디뎠던 것처럼, 아주 작고 사소한 목표부터 세우고 실천해 보아요. 작은 성공의 경험이 모여 '나도 할 수 있다'는 자신감을 키우고, 두려움이라는 빌런을 이겨 낼 수 있게 만들어 줍니다.

여러분의 행복왕국으로 떠나기 전, 꼭 기억해 주세요. 마음의 감기가 너무 심해져서 혼자서는 도저히 이겨 내기 어렵다고 느껴질 때는, 반드시 부모님이나 선생님, 상담 전문가의 도움을 구해야 합니다. 도움을 요청하는 것은 나약함이 아니라, 진정한 지혜와 용기입니다.

마음의 정원에는 비가 오는 날도, 바람이 부는 날도 있습니다. 슬픔, 불안, 분노와 같은 감정들은 나쁜 것이 아니라, 우리에게 무언가 도움이 필요함을 알려 주는 자연스러운 신호입니다. 목표는 부정적인 감정들에 휘둘리지 않고 건강하게 다루는 법을 배우는 것입니다.

이제 여러분은 여러분의 마음을 구조하는 마음 히어로즈 구조대의 영웅입니다. 여러분의 마음속에 잃어버린 보석을 되찾고 행복왕국을 회복시킬 수 있는 위대한 여행을 시작해 봅시다.

넘어져도 괜찮습니다. 상처 입어도 괜찮습니다. 그 모든 여정을 통해 우리는 더욱 건강하고 지혜로운 영웅으로 성장할 테니까요. 여러분의 용기 있는 여정을 진심으로 응원합니다!

안녕하세요, 멋진 친구들! 지금부터 동화 속에 숨겨진 특별한 비밀 메시지를 함께 찾아보아요. 이 이야기들은 바로 우리 마음을 더 단단하고 행복하게 만들어 주는 마법과도 같은 이야기예요!

제2부

어린이와 청소년을 위한 마음 회복과 성장의 메시지

행복왕국과 마인드스톤

모든 멋진 모험은

작은 용기 한 걸음에서 시작돼요!

우리 마음속에는 저마다 반짝이는 '행복왕국'이 있어요. 하지만 가끔 어려운 일이 생기면(예를 들어 친구와 싸우거나, 시험을 망치는 것처럼 말이에요) 마음이 흔들릴 때가 있지요. 그때 나타나는 첫 번째 악당이 바로 '두려움'이에요.

두려움은 "준비가 완벽하지 않으면 시작하면 안 돼!", "넌 약해서 못 할 거야!" 하고 우리에게 속삭여요. 그 목소리를 들으면 우리는 '내가 과연 해낼 수 있을까?' 걱정하며 망설이게 돼요.

하지만 이 이야기는 처음부터 모든 걸 잘할 필요는 없다고 말해 줘요. 괜찮아요! 슬프거나 두려운 마음이 드는 건 당연한 거예요. 그 마음을 인정하고, 딱 한 걸음만 용기를 내보세요. 책 한 페이지를 넘기거나, "도와주세요!"라고 말하는 작은 행동이 바로 잠자고 있던 여러분의 숨겨진 힘을 깨우는 마법이 될 거예요. 모든 멋진 모험은 그 작은 한 걸음에서 시작되고, 그 걸음이 바로 여러분의 첫 번째 [용기의 보석]이 될 거예요!

생각해 보기: 아주 무서웠지만, 용기를 내어 딱 한 걸음 내디뎌 본 적이 있나요?

왕별이와 희망의 안경

슬픔 안경을 벗으면,

세상의 진짜 색깔이 보여요!

크게 실패하거나 슬픈 일을 겪으면, 온 세상이 재미없고 어둡게 느껴질 때가 있어요. 정말 세상이 변한 걸까요? 아니면 혹시 내가 '슬픔의 안경'을 쓰고 있는 건 아닐까요?

왕별이가 쓴 '슬픔의 안경'은 모든 걸 안 좋게만 보게 만들어요. 좋았던 기억은 '다 옛날 일이야'라고 생각하게 하고, 미래는 '어차피 안 될 거야'라고 걱정하게 만들지요. 나중에는 내가 그런 안경을 쓰고 있다는 사실조차 잊어버리게 돼요.

하지만 '나는 쓸모없어' 같은 생각은 진짜 '사실'이 아닐 수 있어요! 그냥 슬픈 '감정'일 뿐이에요. 나를 믿어주는 친구나 가족의 목소리에 귀를 기울여 보세요. "넌 할 수 있어!" 그 따뜻한 말 한마디가 슬픔의 안경에 작은 금을 만들고, 그 틈으로 들어온 빛이 여러분에게 [희망의 보석]을 되찾아 줄 거예요!

생각해 보기: 혹시 자신만의 '슬픔의 안경'을 써본 적이 있나요? 그때 기분이 어땠어요?

튼튼이의 빛나는 달팽이 집

여러분의 회복된 상처는
반짝이는 장점이 될 수 있어요!

우리는 살다 보면 마음이 '탁!' 하고 깨지는 것 같은 순간을 만나요. 믿었던 친구에게 상처받거나, 시험을 망쳤을 때처럼 말이에요. 그럴 때 우리는 달팽이 튼튼이처럼 무서워서 마음의 동굴에 쏙 숨어 버리곤 해요.

동굴 안에서 우리는 상처를 꽁꽁 감추고 싶어 하지요. 왜냐하면 상처는 부끄러운 거라고 생각하니까요. 악당 '빅쇼크'는 바로 이 마음을 파고들어요. "넌 상처를 입었으니 밖으로 나오지 말고 계속 숨어 있어!" 하고 말이에요.

하지만 튼튼이의 집은 그냥 원래대로 돌아온 게 아니었어요. 깨진 틈에 반짝이는 황금빛이 채워져서 세상에 하나밖에 없는 멋진 무늬가 되었어요! 상처는 부끄러운 게 아니라, 우리를 더 특별하고 강하게 만들어 주는 흔적이 될 수 있어요. 아팠던 경험 때문에 다른 사람의 슬픔을 더 잘 이해해 주고, 작은 기쁨에 더 감사할 수 있게 되거든요. 여러분의 상처가 바로 여러분을 가장 특별하게 빛나게 해줄 [견고함의 보석]이 될지도 몰라요!

날개 다친 비둘기

잠깐 멈춘 거예요,

끝난 게 아니에요!

우리 인생이 신나는 노래라고 상상해 보세요. 가끔은 예상치 못한 '쉼표'가 나올 때가 있어요. 잘하던 달리기를 멈춰야 하거나, 즐겁던 일상이 조용해질 때 말이에요. 그때 마음속 악당 '프러스트레이션(좌절감)'이 속삭여요. "네 노래와 인생은 여기서 끝났어!"

구구는 이 부정적인 목소리 때문에 피아노를 포기했었어요. 예전처럼 멋지게 날지 못하는 지금의 모습은 아무 소용 없다고 생각했어요. 우리도 예전의 나와 지금의 나를 비교하며 실망할 때가 있잖아요.

하지만 친구들은 말해 줬어요. 노래는 한 번의 실수로 끝나지 않는다고 말이에요! 구구가 용기 내어 누른 건반 소리 '도'는, 새로운 노래를 시작하는 위대한 첫 도전이었어요. 혹시 여러분의 삶에 쉼표가 찾아왔나요? 그건 끝이 아니에요. 잠시 숨을 고르고, 새로운 노래를 시작하라는 신호예요. 그 작은 시작이 바로 [회복의 보석]이에요!

코끼리 아트펀트의 용기

여러분의 작은 '붓 터치 하나'가
세상을 바꿀 수 있어요!

우리 마음속에는 '이건 틀렸어!', '저건 저렇게 해야 해!' 하고 말하는 잔소리꾼 '크리틱스'가 살고 있어요. 이 잔소리꾼은 우리가 그림을 그리거나 새로운 도전을 할 때마다 나타나서 속삭이지요. "남들과 다르면 실패한 거야!" 그 목소리에 우리는 자신감을 잃고 아무것도 못 하게 돼요.

코끼리 아트펀트도 자기만의 멋진 그림을 '틀린 것'이라고 생각하며 두려워했어요. 이건 꼭 그림 그릴 때만 그런 게 아니에요. 새로운 생각을 발표하거나, 남들과 다른 꿈을 꿀 때도 우리 마음속 잔소리꾼은 나타나요.

아트펀트가 이 잔소리꾼을 이긴 건, 완벽한 그림을 그렸을 때가 아니었어요. 두려워하면서도 용기를 내서 캔버스에 '툭' 하고 작은 점 하나를 찍었을 때였어요! 그 점은 '나는 나답게 할 거예요!'라는 멋진 선언이었어요. 혹시 지금 망설이고 있나요? 완벽하게 하려고 하지 말고, 여러분만의 작은 '점 하나'를 찍어 보세요. 세상의 모든 위대한 시작은 용기 있는 그 작은 도전에서 얻게 된 [창의력의 보석] 덕분이니까요!

호랑이 호산이의
잿빛 안개

마음에 힘이 없을 땐,

아주 작은 '잎새 하나'를 그려 보세요!

'아무것도 하기 싫어… 다 귀찮아' 혹시 이런 마음이 들 때가 있나요? 마치 잿빛 안개가 내 마음을 전부 뒤덮은 것처럼, 모든 게 재미없고 힘이 하나도 없는 느낌 말이에요. 호랑이 호산이처럼, 우리는 그 안개 속에서 '나는 아무 쓸모 없어'라는 거짓말에 속아 넘어가곤 해요.

마음에 힘이 없을 때 필요한 건 거창한 용기가 아니에요. 바로 '아주 작은 움직임'이에요. 아주 작은 행동이 '나는 아무것도 못 해'라는 거짓말을 물리치는 첫 번째 용기가 될 수 있어요. 마음이 잿빛 안개에 갇힌 것 같다면, 거창하게 세상을 바꾸려 애쓰지 않아도 괜찮아요. 그저 아주 작은 [활력의 보석]을 찾기 위한 한 걸음을 시작하면 돼요!

나비가 된 벤디

괜찮아요,

여러분만의 멋진 날개가 자라는 중이에요!

다른 친구들은 자전거를 쌩쌩 잘 타는데, 나만 아직 두발자전거를 못 탈 때. 친구들은 새로운 공부를 금방 배우는데, 나만 자꾸 지는 것 같을 때. "나만 뒤처지면 어떡하지?" 하는 조급한 마음이 들지요? 번데기 벤디의 마음이 바로 우리 마음과 같았어요.

악당 '헤이스트(조급함)'는 우리 마음을 서두르게 만들어요. 아직 준비가 안 됐는데 기다리지 못하게 만들지요. 하지만 준비 안 된 날갯짓은 하늘을 나는 게 아니라, 바닥으로 쿵! 떨어지게 만들 뿐이에요.

진짜 멋지게 성장하는 건 다른 사람의 속도를 따라가는 게 아니에요. 내 마음의 소리에 귀를 기울이는 거예요. 벤디가 시끄러운 바깥소리 대신, 자기 날개가 단단해지는 과정을 기다림을 인내했던 것처럼 말이에요.

혹시 지금 여러분이 친구들보다 조금 느린 것 같아 불안한가요? 걱정 마세요. 그 시간 동안 여러분의 마음속에서는 멋지고 단단한 날개가 자라고 있는 중이니까요. 여러분의 그 소중하고 아름다운 기다림이 바로 [인내심의 보석]이에요.

루루와 티티 이야기

비교의 거울 말고, 존중의 거울을 들여다보세요!

우리 마음속에는 신기한 '비교 거울'이 하나씩 있어요. 그런데 이 거울은 나보다 잘난 친구, 나보다 멋진 친구의 모습만 자꾸 비춰줘요. 그리고는 거울 밖에 서 있는 나에게 "넌 저 친구보다 부족해." 라고 말하지요.

티티는 이 거울 때문에 늘 슬펐어요. 거울 속 반짝이는 친구들 앞에서, 자기 모습이 너무 평범하게 느껴졌거든요. 우리도 '누구는 그림을 잘 그리는데…', '누구는 인기가 많은데…' 하면서 나 자신을 속상하게 만들 때가 있지요?

티티가 진짜 자유를 찾은 건 거울을 깨뜨렸을 때가 아니었어요. 거울을 보며 속상해하고 있는 자기 자신을 꼭 안아 주었을 때였어요! 비교당해서 아팠던 '나'의 마음에 귀를 기울인 거예요.

그 순간, 차가운 비교 거울은 나만의 멋진 모습을 비춰 주는 '존중의 거울'로 변했어요. 이제 다른 사람을 비추는 거울에서 눈을 돌려, 그 앞에서 속상해하는 여러분의 마음을 먼저 꼭 안아 주세요. 그것이 바로 여러분을 자유롭게 해줄 건강한 [자유함의 보석]이에요!

생각해 보기: 여러분을 속상하게 만드는 '비교 거울' 속에는 주로 무엇이 보이나요?

반딧불이 반디의 작은 빛

소중한 건 바로

'여러분 각자의 빛'이에요!

세상은 우리에게 더 밝고, 더 강하고, 더 멋진 빛을 내라고 말하는 것 같아요. 그 눈부신 빛들 사이에서 내 빛이 너무 작게 느껴질 때, 우리는 반딧불이 반디처럼 스스로를 어둠 속에 숨기곤 해요. "나 같은 건 없어도 괜찮아." 하면서 말이에요.

악당 '디스어포인트'는 우리가 실수했거나 부끄러웠던 기억만 쏙쏙 골라서 보여 주는 나쁜 편집자 같아요. 그러고는 속삭이지요. "봐, 이게 바로 너야. 넌 별거 아니라고."

하지만 반디는 어떻게 어둠을 이겨 냈을까요? 갑자기 해님처럼 밝은 빛을 내서일까요? 아니에요! "이 빛은 작을지도 몰라. 하지만 이건 바로 나의 빛이야!"라고 외쳤을 때였어요. 자신의 작고 소중한 빛을 스스로 인정해 준 순간, 기적이 일어났어요.

혹시 지금 여러분의 빛이 너무 작다고 느껴지나요? 괜찮아요. 온 세상을 다 밝힐 필요는 없어요. 바로 여러분이 있는 그 자리에서, 여러분만의 색깔로 빛나는 여러분은 이미 아주 소중한 존재예요.

거북이 차분이의 비밀 무기

우리는 모두 저마다 다른 '등껍질'을 가지고 있어요. 어떤 친구는 수학 문제를 남들보다 조금 천천히 풀고, 어떤 친구는 다른 사람 앞에서 쉽게 얼굴이 빨개지지요. 가끔은 이런 내 모습이 답답하고 무거운 감옥처럼 느껴질 때가 있어요.

거북이 차분이는 자기의 느린 걸음 때문에 늘 속상했어요. 악당 '러쉬(조급함)'는 그런 차분이를 놀려 댔어요. "넌 너무 느려! 그러니까 실패하는 거야!"

하지만 놀라운 일이 벌어졌어요! 러쉬가 날카로운 공격을 했을 때, 차분이를 지켜 준 건 바로 그가 미워했던 단단한 등껍질이었거든요. 그가 천천히 걸어온 시간, 꿋꿋하게 버텨 온 모든 순간이 모여 세상에서 가장 튼튼한 방패가 되어 준 거예요!

여러분이 약점이라고 생각했던 바로 그것이, 여러분을 지켜주는 큰 힘이 될 때도 있다는 걸 기억해요. 혹시 지금 여러분의 느린 걸음이 답답하게 느껴지나요? 잠시 멈춰서 생각해 보세요. 그건 여러분을 가두는 감옥이 아니라, 여러분만의 길을 꿋꿋하게 걸어온 멋진 증거이자, 단단한 [꾸준함의 보석]이에요.

고릴라 큰손이의 마음

괜찮아요,
그건 여러분의 잘못이 아니에요!

우리 마음속에는 가끔 '나 때문에…' 하고 후회하는 생각이 있어요. 그 생각을 하다 보면 우리는 죄책감에 휩싸이고 말아요. "다 너 때문이야!"라고 속삭이면서 말이에요. 고릴라 큰손이는 바로 이 죄책감의 방에 갇혀서 너무나도 아파했어요.

죄책감은 소중한 것을 지켜주지 못했다는 생각에, 스스로에게 벌을 내리는 거예요. 웃지도 않고, 즐거워하지도 않으면서 말이에요.

하지만 여러분이 사랑하는 사람들은 과연 여러분이 불행해지길 바랄까요? 아닐 거예요. 진짜 사랑은 여러분이 행복해지길 바랄 거예요.

큰손이가 어두운 마음을 이겨 낼 수 있었던 건 "이건 내 잘못이 아니야. 나는 나를 용서할 거야."라고 말하며, 내면의 나를 따뜻하게 용납했을 때였어요.

혹시 지금 여러분도 '다 내 탓' 같아서 마음이 무겁나요? 기억해요. 여러분이 아픈 건 여러분이 나빠서가 아니라, 그만큼 마음을 많이 썼기 때문이에요. 스스로를 용서하는 용기가 바로 여러분의 마음을 밝혀 줄 [용서의 보석]이에요.

기린과 두더지의 합동 작전

'탓하기'를 멈추면,

멋진 길이 보여요!

우리에게는 바꿀 수 없는 것들이 있어요. 기린의 긴 목처럼, 두더지의 약한 눈처럼 말이에요. 이럴 때 우리는 두 가지 함정에 빠지기 쉬워요. "세상이 나빠!" 하고 남을 탓하거나(기린처럼), "나는 왜 이럴까?" 하고 나를 탓하는 거예요(두더지처럼).

'남 탓', '내 탓'만 하고 있으면 아무것도 변하지 않아요. 그냥 내 마음의 힘만 쭉쭉 빠져나갈 뿐이지요.

기린과 두더지는 언제부터 변하기 시작했을까요? '탓하기'를 멈추고 "우리가 뭘 할 수 있을까?"라고 질문했을 때였어요! 기린은

'멀리 보는 능력'을, 두더지는 '땅을 잘 파는 능력'을 사용하기 시작했어요. 바꿀 수 없는 '돌멩이'를 원망하는 대신, 자기가 가진 '씨앗'에 집중한 거예요.

더 멋진 건, 둘이 힘을 합쳤다는 거예요! 기린의 장점과 두더지의 장점이 만나자, 혼자서는 할 수 없었던 기적을 만들어 냈어요. 혹시 지금 무언가를 탓하고 있나요? 이제 '탓하기' 대신 여러분이 가진 가능성에 집중해 보세요. 그것이 바로 [이해의 보석]과 [수용의 보석]이에요!

토끼 토순이의 웃음 가면

가짜 웃음 가면을 벗어 보세요!

우리는 가끔 가짜 '웃음 가면'을 써요. 마음은 슬프고 힘든데, 겉으로는 억지로 괜찮은 척, 웃는 척하는 거예요. 토끼 토순이처럼 말이에요. 왜냐하면 슬픈 얼굴을 보여 주면 친구들이 날 싫어할까 봐 걱정되기 때문이에요.

이 가면은 잠시 우리를 안전하게 지켜 주는 것 같지만, 사실은 우리를 더 외롭게 만들어요. 가면 뒤에 숨어 있는 진짜 내 마음은 아무도 알아 주지 못하니까요.

토순이가 진짜 자유를 찾은 건, 용기를 내어 친구들에게 가면 뒤의 진짜 얼굴을 보여 주었을 때였어요. 친구들은 토순이의 슬픈 얼굴을 보고 도망갔을까요? 아니에요! 오히려 위로해 주었어요.

이 이야기는 우리에게 아주 중요한 사실을 알려 줘요. 여러분의 진짜 모습을 사랑해 줄 사람은 분명히 있다는 걸요. 가끔은 울고 힘들어하는 여러분의 모든 모습을 사랑해 주는 친구들 말이에요. 혹시 가짜 웃음 가면을 쓰고 지내는 것이 너무 힘들게 느껴진다면, 여러분이 가장 믿는 사람에게 진짜 마음을 보여 줘 보세요. 그 용기가 바로 우리들의 [자유함의 보석]이에요!

문어 폴짝이의 멋진 생각들

산만함은 개선되고 나아질 수 있는 성격이에요

"너는 왜 이렇게 산만하니?" 이런 말을 들어본 적 있나요? 한 가지 일에 집중하지 못하고, 금세 다른 것에 관심이 생기는 내 모습에 실망할 때가 있지요. 문어 폴짝이처럼, 여기저기 벌여 놓기만 하고 끝내지 못한 일들을 보며 '나는 끈기가 없나 봐' 하고 속상해하기도 해요.

하지만 이 이야기는 우리에게 중요한 교훈을 알려 줘요. 폴짝이가 그렇게 멋진 아이디어를 많이 떠올릴 수 있었던 건, 바로 그 열정적인 내면의 에너지 덕분이었다는 걸요! 마음속 가득한 에너지가 많아서 여기저기 여행하고 다녔기 때문에, 다른 사람은 생각하지 못하는 기발한 창의적인 아이디어를 생각해 낼 수 있었던 거예요.

중요한 것은 넘치는 에너지를 잘 다루는 방법을 배워야 한다는 것이에요. 폴짝이에게 필요했던 건 산만함을 없애는 게 아니라, 그 멋진 에너지를 한곳에 모아 줄 '집중력의 방패'였어요!

여러분의 넘치는 호기심과 끝없는 아이디어들을 나쁘다고 생각하지 마세요. 그건 여러분이 가진 내면의 에너지예요. 대신 내면의 에너지를 잘 사용할 수 있도록 도와주는 [집중력의 보석]과 [집중력의 방패]를 만드는 연습을 시작해 봐요. 여러분의 특별한 재능이 세상을 행복하게 할 멋진 일들을 해낼 거예요!

강아지 왈왈이의 마음속 보안요원

화나는 마음을 잘 훈련시키는 법!

우리 마음속에는 '분노'라는 이름의 보안요원이 살고 있어요. 이 보안요원은 누군가 내 마음을 함부로 대하거나, 내가 위험에 처했을 때 "왈! 왈!" 소리 내서 나를 지켜 주는 필요한 친구예요.

문제는 이 보안요원이 훈련을 잘 받지 못했을 때 생겨요. 아무 때나 화를 내서 소중한 친구들을 놀라게 하거나 떠나가게 하고, 결국엔 "나는 왜 맨날 화만 낼까?" 하며 나 자신을 자책하게 만들지요.

이 보안요원을 내쫓아야 할까요? 아니에요! 잘 훈련시켜야 해요. 내 보안요원이 '언제' 화를 내는지, '왜' 화를 내는지 마음을 알아

주고, '화를 내는 대신 어떻게 알려 줄지' 가르쳐 주는 거예요.

화가 날 때 잠시 숨을 고르는 건, 화를 내려는 보안요원에게 "기다려!" 하고 말해 주는 것과 같아요. "네가 그래서 화가 나." 대신 "나는 네가 이래서 속상해."라고 말하는 연습을 하는 건, 화를 내는 대신 다른 방법으로 마음을 표현하도록 가르치는 것과 같아요. 여러분 안의 보안요원을 미워하지 마세요. 잘 이해하고 훈련시킬 때, 건강한 분노는 여러분을 든든하게 지켜주는 [평온함의 보석]이 될 거예요!

생각해 보기: 여러분의 마음속 '보안요원'은 어떨 때 가장 많이 화를 내는 것 같나요?

다람이의 도토리

'없는 것' 대신

'있는 것'을 세어 보는 지혜!

다람이는 도토리를 창고 가득 쌓아 두고도, 옆집 다람쥐의 더 큰 도토리를 보며 부러워하곤 했어요. 그리고 항상 부족하다는 잘못된 생각에 사로잡혀 있었어요. 우리 마음도 그럴 때가 있지요? 내가 가진 것보다는 갖지 못한 것에, 나의 좋은 부분보다는 부족한 부분에 더 신경이 쓰이는 거예요.

'결핍'은 우리에게 '비교하는 습관의 안경'을 씌워서, 내가 가진 건 작아 보이게 만들고, 남이 가진 건 더 커 보이게 만들지요. '내가 가진 것은 다른 사람과 비교했을 때 너무 부족해'라는 이 생각은 우리를 계속 불만족스럽게 만들어요.

이러한 부정적인 생각에서 풀려나는 방법은 바로 지금 여러분이 가진 작은 것들에 대한 감사를 찾고 발견하는 데 있어요. 오늘 하루 고마웠던 일을 세 가지만 찾아볼까요?

이 작은 연습은 '없는 것'만 찾고 확대해서 보던 내 마음의 시선을 '이미 가지고 있는 것'으로 이동시켜 주는 중요한 방법이에요. 비교하는 안경을 벗고 감사의 안경을 쓸 때, 우리는 [감사함의 보석]을 찾을 수 있을 거예요!

오버마인드의
완벽주의에 대한 집착의 탑

계획에 불완전한 부분이 발견되었을 때

우리는 조금 더 성숙하게 발전할 수 있답니다

우리 마음속에는 뭐든지 실수 없이 완벽하게 해내고 싶은 마음이 있을 수 있어요. 하지만 예상치 못한 변수가 생기면 어떻게 될까요?

그 순간, '망했어! 계획이 틀어졌으니 다 실패야!' 하고 단정하고 속상해하기보다는 균형 잡힌 유연한 태도가 필요해요.

세상에서 가장 높은 건물들도 조금 흔들릴 수 있는 유연함을 가지고 있대요. 예상치 못한 변화를 받아들이는 유연함과 부드러움이 진짜 강한 힘이라는 거예요!

혹시 지금 여러분의 완벽한 계획에 변화가 생겼나요? 그건 여러분이 실패했다는 뜻이 아니에요. 오히려 더 강하고 멋지게 성장할 기회를 만났다는 신호일지 몰라요. 완벽해야 한다는 생각에서 벗어나 기꺼이 그 부족함을 이해하고 개선할 때, 우리는 불안함 대신 위대한 [균형의 보석]을 손에 넣게 될 거예요!

카오스와의 마지막 악수

마음속 그림자와 악수하기!

우리는 모두 마음속에 밝고 멋진 주인공의 모습만 간직하고 싶어 해요. 용감하고, 착하고, 씩씩한 모습 말이에요. 하지만 가끔은 비겁하고, 밉고, 어리석은 마음도 들지요. 우리는 그런 마음을 '어둠의 그림자'라고 부르며 꽁꽁 숨겨 두려고 해요.

마음 히어로즈 이야기에 등장하는 '카오스'는 바로 우리가 숨겨 두었던 어두운 마음이었어요. 내가 부끄러워했던 모습으로 나타나 나를 공격하지요. 그래서 이 싸움이 쉽지 않고 힘든 거예요. 다른 누구도 아닌, 나 자신의 부정적인 마음을 이해하고 해결해야 하니까요. 그럴 때는 '그래, 내 안에 그런 두려움도 있었지. 아픔도 있었고, 슬픔도 있었구나' 하고 내 마음을 이해하고 알아주는 것이 필요해요.

다시 빛나는 행복왕국

깨진 그릇에 더 많은 빛이 담긴대요!

우리는 가끔 '상처받기 전으로 돌아가고 싶다'고 생각해요. 실수도, 슬픔도 몰랐던 때로 돌아가면 완벽하게 행복할 거라고 생각할 수 있어요. 하지만 이미 일어난 일은 되돌릴 수 없잖아요. 그렇기 때문에 과거의 상처를 이겨 낼 수 있는 마음을 회복시킬 수 있는 습관과 태도, 마음가짐이 중요한 것이에요. 마음 히어로즈가 되찾은 '마인드스톤'은 비록 옛날처럼 흠집 없는 보석은 아니지만, 그 안에는 히어로즈 친구들이 겪었던 모든 상처와 눈물, 그리고 그것을 이겨 낸 용기의 이야기가 아름다운 무지개 색으로 빛나고 있었어요. 놀랍게도, 회복된 마인드스톤은 훨씬 더 깊고 따뜻한 빛을 내뿜을 수 있었어요.

틈틈이의 집도 마찬가지였어요. 깨어진 부분을 금으로 붙여 더 멋진 예술품으로 만들어진 틈틈이의 집처럼 우리의 상처도 회복된 다음에 얻을 수 있는 교훈과 마음가짐으로 더 단단하고 아름다워질 수 있다고 믿어 보세요. 그러면 상처의 흔적 때문에 세상에 단 하나뿐인 더 아름다운 그릇이 되는 거예요.

여러분이 상처를 이겨 내고 회복할 수 있었던 소중한 마음으로, 다른 사람의 아픔을 더 잘 이해하고, 작은 기쁨에 더 감사할 줄 아는 멋진 사람이 되었을지도 몰라요. 진정한 행복은 상처 없는 삶이 아니라, 나의 모든 상처까지도 이해하고 사랑하게 된 삶 속에 있어요. 기억해요. 여러분은 어떠한 상처에도 회복되고 아름다운 삶을 살아갈 마음의 보석을 가지고 있다는 사실을요.

여러분의 모험은 이제 시작이에요!

마음 지도를 펼치고,

여러분만의 길을 떠나 보세요!

마음 히어로즈의 이야기와 함께 더욱 멋진 이야기가 바로 여러분의 삶 속에서 시작될 거예요! 이제는 여러분 스스로의 마음을 지키는 마음 히어로즈가 되어 주세요.

이 동화책은 여러분의 마음이 길을 잃었을 때 펼쳐 볼 수 있는 지혜의 책과 같아요. 우리는 이 지도를 통해 두려움, 슬픔, 조급함 같은 빌런들이 언제 나타나는지 알게 되었고, 그에 맞설 용기, 희망, 꾸준함 같은 멋진 보석들도 우리 안에 있다는 걸 알 수 있게 되었어요.

[바로 여러분, 마음 히어로즈 친구들을 위한 약속]

- 도움을 청하는 용기: 마음이 너무 힘들 땐, 꼭 믿을 수 있는 어른에게 이야기해 주세요. 그건 약한 게 아니라 가장 용감한 행동이에요!
- 나만의 속도 존중하기: 친구가 나보다 빠르다고 조급해하지 마세요. 여러분은 여러분만의 멋진 속도로 자라고 있으니까요!
- 내 마음 먼저 챙기기: 다른 사람을 돕고 싶다면, 먼저 여러분의 마음 에너지를 가득 채워야 해요. 힘들 땐 잠시 쉬어 가도 괜찮아요!

마음 히어로즈 친구들의 이야기는 이제 여러분의 이야기로 이어집니다. 이제 여러분이 마음 히어로즈가 되어 여러분의 마음과 친구들의 마음을 구조할 시간이에요! 여러분의 손에는 반짝이는 마음보석들이 가득하고, 여러분의 등 뒤에는 언제나 여러분을 응원하는 마음 히어로즈가 있다는 걸 잊지 마세요! 여러분의 멋진 모험을 응원할게요!

모든 아이들의 마음속에는 자신감, 용기, 사랑, 기쁨 등 긍정적 마음 에너지가 모여 빛나는 '마음보석(마인드스톤)'이 존재하는 '행복왕국'이 있습니다. 하지만 아이들이 성장하며 마주하는 다양한 심리적 어려움(두려움, 슬픔, 분노, 좌절 등)은 '카오스'라는 어두운 그림자처럼 찾아와 마음보석의 빛을 흐리게 만듭니다. 이는 아이의 '마음 근육', 즉 정서 조절 능력과 회복탄력성이 약해졌다는 중요한 신호입니다.

이 책에서 부모님은 아이의 문제를 도와주고, 아이(마음 히어로) 스스로 자신의 마음보석을 다시 빛나게 하도록 돕는 '안전한 집'이자 '조력자'의 역할을 맡게 됩니다. 이 책은 아이가 겪는 각 마음의 위기 상황을 관찰하고, 부모가 아이의 마음 근육을 키워 줄 수 있는 구체적인 '마음 회복의 연습과 훈련' 방법을 안내하는 지도입니다. 부모님들도 마음 히어로즈의 일원이 되어 아이의 마음속 행복왕국에 다시 찬란한 행복과 빛을 되찾아 주는 것입니다.

제3부

부모님을 위한 심리학적 이해와 자녀 마음 코칭 가이드

행복왕국과 마인드스톤(마음보석) 이야기

부모님을 위한 심리학적 이해

모든 아이들의 마음속에는 저마다의 빛을 내는 '마인드스톤(마음보석)'을 가진 '행복왕국'이 있습니다. 이 보석은 기쁨, 용기, 사랑, 평온의 빛을 내며 왕국을 환하게 비추죠. 하지만 때로 '카오스'라는 어두운 그림자가 찾아와 마음을 흔들 때가 있습니다. 카오스는 슬픔, 두려움, 분노, 좌절의 어둠으로 마인드스톤의 빛을 가리고, 심지어 보석에 균열을 일으키기도 합니다. 이때 아이들의 행복왕국은 빛을 잃고 혼란에 빠지게 됩니다. 이 이야기들은 바로 카오스로 인해 마음보석의 빛을 잃어버린 히어로들이 자신의 빛을 되찾아 가는 여정입니다.

자녀 마음 코칭 가이드

부모님은 아이의 행복왕국을 지키는 가장 든든한 지혜로운 안내자와 같은 존재입니다. 부정적인 감정이 찾아왔을 때 "어두운 감정은 무조건 나쁜 거야!"라고 속단하기보다는, "어두운 마음이 찾아왔구나. 그 안에는 어떤 이유와 마음이 숨어 있을까?"라고 함께 들여다봐 주는 것이 중요합니다. 아이가 자신의 상처받은 마음을 극복하고 더 단단하게 만들 수 있도록 돕는 것, 그것이 바로 '마음 코칭'의 시작입니다. 우리 아이들이 세상의 모든 어려움을 극복하고 이겨낼 수 있는 멋진 용사가 될 수 있도록 응원하고 함께 도와주세요.

겁쟁이 사자 왕자 왕별이 이야기:
애도와 우울 반응의 이해

부모님을 위한 심리학적 이해

아빠를 잃은 왕별이가 검은 선글라스를 낀 것은 단순한 슬픔을 넘어, 애도 과정에서 나타나는 우울한 반응입니다. 중요한 대상을 상실했을 때, 세상을 안전하고 의미 있는 곳으로 생각하던 마음에 큰 충격을 받게 됩니다. 이때 세상의 모습은 나의 고통과 대비되어 무의미하게 느껴지죠. 이것은 더 이상의 심리적인 고통으로부터 자신을 보호하려는 방어기제입니다.

이때 필요한 것은 아이의 슬픔을 있는 그대로 이해해 주고, 인정해 주고 함께 공감해 주는 것입니다. 아이를 안아 주며 "세상이 온통 어둡게 보이는구나. 많이 힘들었겠구나. 중요한 사람을 잃었으니 많이 아팠겠구나."라고 이해해 주는 것 말이에요. 이는 아이의 감정이 잘못된 것이 아니라는 메시지를 줍니다. 충분히 애도하고 혼자 감정을 느낄 수 있는 시간이 필요합니다. 그다음 아주 조금씩 아이가 느낄 수 있는 작은 현실적인 위로를 표현해 주세요. 이는 조금씩 마음이 닫힌 아이의 마음의 연결고리를 현실과 다시 이어 주는 역할을 할 수 있습니다.

집 깨진 달팽이 튼튼이 이야기: 회복과 성장

부모님을 위한 심리학적 이해

튼튼이의 상처는 등껍질이 깨진 사건과 더불어 마음에 무서웠던 사건이 기억에서 재연되는 외상 후 스트레스, 트라우마입니다. 트라우마는 뇌의 위험 감지 감각을 과활성화시킵니다. 여러 가지 형태의 트라우마적 경험과 기억은 작은 연관된 자극에도 '위험해!'라는 신체적 또는 감각적, 감정적 반응이 나타납니다.

과활성화된 두려움을 조금씩 안정시키기 위해서, 두려웠던 마음을 이해하고 공감해 주며, 그 두려웠던 상황을, 점진적으로 적응하고 이겨 내는 과정이 필요합니다. 오랜 기간 점진적인 치료가 필요하기 때문에 많은 인내심과 배려를 보여 주셔야 합니다. 쉽게 나아지지 않는다고 해서 다그치거나 강압적인 방법으로 하면 회복이 더 늦어지거나 악순환이 될 수 있습니다. 전문적인 치료가 필요한 수준에서는 인지행동치료, 체계적 둔감화, EMRD, EFT 등 용기를 내어 적극적으로 전문가의 도움을 받는 지혜가 필요합니다.

날개 다친 비둘기 구구 이야기:
꿈의 좌절과 애도의 과정

부모님을 위한 심리학적 이해

구구의 부러진 날개는 아이가 겪는 꿈의 좌절과 그로 인한 '정체성의 상실'을 의미합니다. 아이에게 꿈은 단순한 목표가 아니라 '나 자신'의 일부와 같습니다. 그것이 무너졌을 때 공감되지 못할 조언은 아이의 상실감을 무시하는 것처럼 느껴질 수 있습니다. 아이는 이전의 꿈을 잃은 슬픔을 충분히 느끼고 보내주는 충분한 시간 동안의 애도의 과정이 반드시 필요합니다.

자녀 마음 코칭 가이드

먼저 아이의 상실감을 충분히 이해하고 공감하고 인정해 주어야 합니다. "그 꿈이 너에게 정말 소중했구나. 그래서 지금 너무 속상하게 느껴지겠다." 이처럼 아이의 감정을 있는 그대로 이해하고 공감해 주는 것이 중요합니다. 아이가 충분히 슬퍼하고, 그리워하는 시간을 보낼 수 있도록 해주세요. 그 애도의 과정 끝에서 새로운 관점에서 다시 시작할 마음의 힘을 얻게 됩니다.

놀림받는 아트펀트 이야기

부모님을 위한 심리학적 이해

아트펀트는 사회적 고정관념과 반복된 놀림받은 경험 때문에 깊은 수치심과 불안감을 느끼고 있었습니다. 이는 또래에게 거절당한 경험에서 비롯된 사회적 불안함(Social Anxiety) 요소와 함께, '나는 아무리 노력해도 안 돼'라는 생각이 굳어지는 학습된 무기력(Learned Helplessness) 경향을 보일 수 있습니다. 이 두 가지가 결합되어 새로운 시도를 하기도 전에 포기하게 만드는 심리적 부작용이 생기는 것이죠.

이러한 부정적인 마음을 이겨 내기 위해서는 작은 성공 경험과 성장 마인드셋(Growth Mindset)을 길러 주는 것이 중요합니다. 결과가 조금 부족해도 노력하는 태도와 시도하는 과정을 칭찬하는 것입니다. "노력 많이 했구나 잘했어. 대단한 용기야."라고 말해 주세요. 실패를 능력 부족의 증거가 아니라 성공으로 가는 자연스러운 과정으로 재해석해 주는 인지적 재구성이 필요합니다. "실패하더라도 도전해 보는 것이 더 잘하는 방법을 배워 가는 멋진 과정이자 기회야."라는 말을 통해, 아이가 실패에 대한 두려움을 극복하고 다시 도전할 용기를 갖도록 도와주어야 합니다.

무기력하고 우울한 호랑이 호산이 이야기: 우울감과 행동 활성화

부모님을 위한 심리학적 이해

호산이는 무기력함과 번아웃에 빠졌습니다. 이 상태에서는 '의지'를 발휘하기가 어려워요. 이때 억지로 큰 목표를 강요하면 아이는 더 깊은 좌절감과 자기 비난에 빠지게 됩니다.

자녀 마음 코칭 가이드

치료의 핵심은 '행동 활성화(Behavioral Activation)'입니다. 기분이 좋아지면 움직여야지가 아니라, 아주 조금이라도 움직여야 기분이 좋아질 수 있다는 원리예요. 이때의 행동은 성취가 목적이 아닙니다. 산책하기, 좋아하는 노래 듣기 등, 가장 저항이 적은 작은 행동부터 시작해야 합니다. 이 작은 행동이 작은 용기의 스파크를 일으킵니다. 아이에게 "우리 매일 조금씩 운동이나 산책을 볼까?"라고 제안하고, 그 한 걸음을 내디뎠을 때, "잘했어."라고 행동 자체를 인정해 주는 것만으로 큰 도움이 될 수 있습니다.

번데기 벤디와 나비 친구 플로라 이야기:
기다림과 성장의 시간

부모님을 위한 심리학적 이해

벤디가 번데기 속에서 조급해하는 것은, 눈에 보이지 않는 성장의 과정을 보지 못하기 때문입니다. 우리는 결과가 빨리 나타나지 않으면 과정을 실패로 여기곤 합니다. 하지만 모든 성숙함에는 눈에 보이지 않는 성장의 잠복기가 필요합니다. 먼저 멋지게 날아오른 친구를 보며 느끼는 조급함은 자연스러운 감정이지만, 이 조급함이 자신을 뒤처졌다거나 실패했다고 규정하게 만들 때 아이는 실망과 좌절을 경험하게 됩니다.

자녀 마음 코칭 가이드

아이가 무언가를 배우는 과정이 더딜 때, "왜 아직도 못 해?"라고 책망하지 마세요. 그것보다는 "지금 네 마음속에서 아주 멋진 날개가 자라나고 있나 보구나. 아름다운 날개를 만들기 위해 시간이 걸리는 건 당연해. 응원하며 기다려 줄게." 이렇게 말해 줄 때, 아이는 불안해하는 대신 자신의 성장을 믿고 기다리는 마음과 태도를 가질 수 있게 됩니다. 기다림이 실패가 아니라, 더 높이 날기 위한 필수적이고 필연적인 과정임을 배운 아이는 쉽게 포기하지 않는 근성과 굳건하고 단단한 마음을 갖게 될 것입니다.

비교하는 마을의 티티 이야기: 비교와 자기수용

부모님을 위한 심리학적 이해

티티가 거울을 보며 끊임없이 자신과 남을 비교하는 것은, '타인의 인정'을 통해 자신의 가치를 확인받으려는 심리 때문입니다. '타인의 시선'이라는 거울에 나를 비춰 보는 거죠. 이 거울은 늘 나를 왜곡시키고 불안하게 만들며, 나의 고유한 색깔을 보지 못하게 합니다. 특히 부모가 무심코 "다른 집 아이는 잘하는데, 넌 도대체 왜 이것밖에 못 하니?!"이라고 다그칠 때, 아이의 마음에는 비교하는 습관이 더욱 선명하게 자리잡힙니다.

자녀 마음 코칭 가이드

비교의 거울을 깨는 방법은, 평가의 기준을 '외부'에서 '내부'로 가져오는 것입니다. "옆집 친구보다 잘했네."가 아니라, "어제의 너보다 그림 실력이 이만큼 늘었네! 정말 대단하다!"처럼, 타인과의 비교가 아닌 '아이 자신의 성장'에 초점을 맞춰 칭찬해 주세요. 그리고 아이의 불완전함을 있는 그대로 수용해 주는 것이 중요합니다. 조금 부족한 부분이 보이더라도 "괜찮아."라고 말해 줄 때, 아이는 비로소 비교의 감옥에서 벗어나 '나는 이 모습 그대로 충분히 사랑스러운 존재'라는 진정한 자기수용을 배우게 됩니다.

아름다운 빛을 가진 반딧불이 반디 이야기: 자기효능감과 소중한 고유성(Uniqueness)

부모님을 위한 심리학적 이해

반디의 문제는 자존감 이슈이면서, 더 깊게는 낮은 자기효능감(Self-Efficacy)의 문제입니다. 자기효능감이란 '나는 어떤 과제를 성공적으로 해낼 수 있다'는 자신의 능력에 대한 믿음입니다. 이 믿음이 낮으면 '나는 어차피 안 될 거야'라는 생각이 지배적이 되어, 자신의 빛을 켤 시도조차 하지 못하게 됩니다. 자신의 긍정적인 측면과 자신의 빛은 작고 보잘것없다고 평가절하하고, 자신의 가치를 크기나 화려함이라는 기계적이고 획일적인 잣대로 평가하는 마음의 습관이 생긴 것입니다.

자녀 마음 코칭 가이드

구체적인 성공 경험을 하고 그 원인을 자존감과 연결시켜 주는 것이 중요합니다. 아주 작고 성공 확률이 높은 과제를 주세요. 아이가 해냈을 때, "네가 도와줘서 이렇게 잘되었네. 네 도움이 큰 도움이 됐어."라고 구체적으로 칭찬해 주면 좋습니다. 이렇게 아이의 존재가 미치는 긍정적 영향을 알려 줄 때, 아이는 비교의 잣대를 넘어서서 자신만의 고유한 가치를 깨닫고 자기효능감을 키우게 됩니다.

거북이 차분이 이야기

부모님을 위한 심리학적 이해

차분이가 느린 것은 태생적으로 자신만의 고유한 발달 속도와 기질을 가진 것입니다. 현대 사회는 '빨리빨리'를 강요하며 아이들에게 과도한 속도 경쟁을 부추깁니다. 이 압박감은 아이를 불안하게 만들고, 과정을 즐기지 못하게 하며, 자신의 기질을 현실에 적응하지 못하는 단점이라고 느끼게 만듭니다.

자녀 마음 코칭 가이드

아이의 느림을 단점이 아닌 고유한 존재의 소중함으로 재해석하게 만들어 주는 인지적 재구조화, 리프레이밍(Reframing)이 필요합니다. "우리 아이는 빨리하기보다, 꼼꼼하게 천천히 하는 걸 더 중요하게 생각하는구나. 정말 좋은 성격이야." 이렇게 아이의 기질을 긍정적으로 바라보고 인정해 주세요. 세상의 속도가 아닌, 아이 내면의 속도를 존중하고 지지해 줄 때, 아이는 자신만의 리듬에 맞춰 꾸준히 나아가는 힘, '성실함'과 '끈기'라는 위대한 장점을 키워 나갈 수 있게 될 것입니다.

죄책감을 크게 느끼고 있는 고릴라 큰손이 이야기: 과도한 책임감과 자기 용서

부모님을 위한 심리학적 이해

큰손이가 느끼는 무거운 죄책감은, 통제할 수 없었던 과거의 사건에 대해 스스로에게 과도한 책임을 지우는 것입니다. 특히 아이들은 '자기중심적 사고'가 강하기 때문에, 부모의 불화나 과거에 일어난 안 좋은 사건을 '나 때문'이라고 생각하며 불필요한 죄책감을 갖기 쉽습니다. 이 죄책감은 아이의 마음을 무겁게 짓누르고, 삶의 원동력을 약화시키는 아주 무서운 감정입니다.

실수한 부분에 대해서는 인정하고 바로잡아 주며, 잘못이 아닌 사건이나 사고(Accident) 대해서는 "그건 네 잘못이 아니야."라고 명확하게 말해 주는 것입니다. 아이의 책임이 아님을 분명히 알려 주어 무거운 짐을 내려놓게 도와주세요. 그리고 과거의 실수를 한 자신을 미워하는 것이 아니라, "그때 너는 그럴 수밖에 없었어. 최선을 다했어."라며 스스로를 이해하고 용서하는 '자기 자비(Self-Compassion)'와 자기 용서, 자기수용을 가르쳐야 합니다. 이 과정을 통해 아이는 과거의 아픔이나 실수에 대해 죄책감이나 후회로 얽매이지 않고 현재와 미래를 긍정적인 삶의 태도로 살아갈 힘을 얻게 됩니다.

원망하는 기린 롱넥이와 불평 많은 두더지 투덜이 이야기

부모님을 위한 심리학적 이해

롱넥이가 세상을 탓하고(외적 요인), 투덜이가 자신을 탓하는(내적 요인) 것은 문제의 원인을 다른 곳으로 돌리는 습관입니다. 이 '탓하기' 습관과 프레임에 갇히면 현실적으로 적응과 문제 해결이 어려워집니다. 이 문제의 밑바탕에는 자신의 약점을 인정하고 받아들이고 싶지 않은 방어적인 마음이 숨어 있습니다.

탓하는 습관을 멈추고 극복하는 방법은 '누구의 잘못인가?'에서 넘어서서 '우리가 함께 해결할 수 있는 것은 무엇인가?'로 관점과 생각을 바꾸는 것입니다. 롱넥이의 장점(높은 시야)과 투덜이의 장점(섬세한 감각)이 합쳐져 문제를 해결했듯, 아이들에게도 갈등 상황에서 상대방의 강점을 인정하고 '우리'라는 팀으로 공동의 목표를 이루고 문제를 해결하는 경험을 가르쳐야 합니다. 그래야 다양한 인간관계에 적응하고 사회생활을 잘해 나갈 수 있습니다.

가짜 웃음 가면을 쓴 슬픈 토끼 이야기

부모님을 위한 심리학적 이해

토순이가 속마음은 슬픈데도 불구하고 웃음 가면을 쓰는 것은, 자신의 부정적인 감정을 드러내면 친구들로부터 거부당할 것이라는 깊은 두려움 때문입니다. 많은 아이들이 집단생활에서는 '착하게 보이는 아이'가 되기 위해 자신의 솔직한 감정을 억누르는 법을 배우죠. 하지만 지나치게 억압된 감정은 사라지지 않고 마음의 병이 됩니다. 자신의 감정을 솔직하게 나눌 수 있는 가족이나 멘토, 친구들이 필요한 이유가 바로 여기에 있습니다.

자녀 마음 코칭 가이드

우선 아이가 느끼는 감정은 괜찮다고 알려 주어야 합니다. "슬퍼도 괜찮아, 그럴 수 있어. 화가 나도 괜찮아. 그건 그냥 지금 네 마음의 날씨일 뿐이야." 이처럼 감정을 있는 그대로 표현해도 안전하다는 경험을 시켜 줄 때, 아이는 비로소 가면을 벗고 타인과 진실하게 관계가 연결될 수 있습니다. 부모님이 먼저 "엄마는 오늘 조금 속상한 일이 있었어. 너는 어땠니?"와 같이 서로의 속상했던 감정을 솔직하게 이야기해 보는 것도 좋은 방법입니다.

산만한 문어 폴짝이와 번쩍이는 생각들 이야기

부모님을 위한 심리학적 이해

폴짝이의 모습은 뇌의 '실행 기능(Executive Functions)'이 아직 발달 중에 있는 게 특징이에요. 여러 가지 생각 중에서 중요한 것을 선택하고 나머지를 억제하는 '억제 통제'와, 한 가지 과제를 끝까지 기억하고 수행하는 '작업 기억' 능력이 미숙한 것이죠. 넘치는 호기심과 에너지는 엔진의 동력과도 같이 강력한 에너지이지만, 아직 컨트롤하는 능력이 더 발달해야 하는 상황과 같습니다.

이때, 아이들에게 필요한 것은 부족한 실행 기능을 보완해 줄 기능 연습과 훈련입니다. 첫째, 과제를 시각화해야 합니다. '해야 할 일'을 기록하고 하나씩 수행하는 훈련. 둘째, 시간을 잘 지키는 훈련. 셋째, 멈춤 신호를 약속해서 한 가지 일을 하다가 갑자기 다른 생각이 떠오를 때 기록해 두었던 원래 과제로 돌아오는 연습을 하는 거예요. 이러한 외부적인 기록과 실행이 구조화되고 반복적으로 연습되면, 점차 자기 조절을 위한 습관이 단단하게 형성됩니다.

분노 조절이 잘 안되는 왈왈이 이야기

부모님을 위한 심리학적 이해

왈왈이가 쉽게 화를 내는 것은 단순히 성격 문제가 아닐 수 있습니다. 분노는 종종 1차 감정(두려움, 서운함, 좌절감 등)에 의해 촉발되는 2차 감정으로 나타납니다. 즉, 내면의 부정적인 감정들이 건강하게 처리되지 못하고 쌓여 갈 때, 분노로 폭발시키는 것이죠. 다만 상황에 따라 분노가 직접적이고 즉각적인 1차 감정으로 나타나기도 합니다. 분노 자체는 '나의 경계가 침범당했다'는 중요한 신호이지만, 표현 방식이 미숙할 때 관계를 해치는 문제가 발생합니다.

자녀 마음 코칭 가이드

분노를 억누르기보다, 안전하게 표현하는 방법을 알려줘야 합니다. 첫째, '감정 온도계' 놀이를 해보세요. "지금 네 마음속 화가 얼마나 뜨거워?"라고 물어보며 아이가 자신의 감정 강도를 인식하게 돕습니다. 둘째, '안전 배출구'를 만들어 주세요. 화가 날 때 노래하기, 운동하기 등 몸으로 에너지를 풀 수 있는 방법을 약속하는 것입니다. 셋째, 감정이 가라앉은 후에 "네가 정말 화가 났었구나. 다음에는 '나는 기분이 좋지 않았어'와 같이 말로 내 감정을 전달해 볼까?"라며 '나-전달법(I-message)'으로 자신의 욕구를 표현하는 방법을 가르쳐 주는 것이 중요합니다.

다람이와 감사의 보석: 결핍감과 감사의 습관과 연습

부모님을 위한 심리학적 이해

다람이는 도토리를 많이 모아도 늘 부족하다고 느끼고, 다른 다람쥐의 더 큰 도토리를 부러워했어요. 이는 긍정적인 것보다 부정적인 것, 가진 것보다 부족하고 없는 것에 더 주목하도록 습관화된 결핍감과 부정성 편향(Negativity Bias) 때문일 수 있습니다. 이런 결핍감은 끊임없이 불만족스럽게 만들고, 현재의 즐거움과 감사함을 느끼지 못하게 합니다.

자녀 마음 코칭 가이드

결핍감의 습관을 극복하도록 만드는 좋은 방법은 '감사'라는 안경을 쓰게 하는 것입니다. 오늘의 감사한 이유 찾기 등의 연습을 해 보세요. "오늘 먹었던 음식이 맛있어서 감사해.", "친구가 나를 보고 웃어 줘서 고마웠어."와 같이 아주 작고 구체적인 것을 이야기 나누는 겁니다. 이러한 감사 훈련은 의식적으로 긍정적인 정보를 찾아내도록 습관을 바꾸어 주고, '없는 것'에 대한 불만에서 '있는 것'에 대한 풍요로움으로 관점을 전환시켜 주는 효과적인 마음 운동입니다.

오버마인드와 집착의 탑

부모님을 위한 심리학적 이해

오버마인드의 문제는 '부적응적 완벽주의(Maladaptive Perfectionism)'입니다. 그 이면에는 '조건부 자기 가치(Conditional Self-Worth)'가 숨어 있어요. 즉, '내가 완벽하게 성공해야만 나는 가치 있는 존재'라는 왜곡된 믿음이죠. 이 믿음은 실수를 '나 자신의 실패'와 동일시하게 만들어, 작은 흠결도 용납하지 못하는 불안감과 불만족을 유발합니다. 집착의 탑은 불안으로부터 자신을 지키기 위한 위태로운 방어행동인 셈입니다.

자녀 마음 코칭 가이드

가장 먼저 결과와 존재를 분리시켜 주어야 합니다. "네가 시험을 망친 것은 속상한 '사건'이지, 그것이 '너'라는 사람이 실패자라는 뜻은 아니야."라고 명확히 선을 그어 주세요. 다음으로 '과정 중심의 언어'를 사용해야 합니다. "이번 시험을 준비하면서 네가 밤늦게까지 노력하는 모습이 정말 멋있었어."라고 과정에서의 노력을 구체적으로 칭찬해 주세요. 마지막으로 부모가 먼저 실수에 대해 유연한 태도를 보여 줄 때, 아이는 완벽하지 않아도 괜찮다는 안정감을 배우게 됩니다.

카오스의 소멸:
정서적 통합과 자기 자비

부모님을 위한 심리학적 이해

카오스는 부정적인 감정의 집합체이면서 억압했던 모든 감정의 그림자들이 모여 만들어진 '미해결 과제'입니다. 우리가 불안, 슬픔, 분노 같은 감정을 잘 해결하지 못하면 이 감정들은 소멸하는 게 아니라 더 숨어들어 더 어두운 마음으로 악화될 수 있습니다. 카오스의 실체는 내면의 요청입니다.

자녀 마음 코칭 가이드

해결의 열쇠는 너무 늦지 않게 부정적인 감정의 실체와 원인을 이해하고 알맞은 치료와 접근을 하는 것입니다. "아, 지금 내 마음 속에 '두려움'이라는 감정이 찾아왔구나."처럼 감정을 파악하는 것이 중요합니다. 둘째, 감정의 기능을 이해해 주세요. 불안은 위험을 대비하게 하고, 슬픔은 소중한 것을 기억하게 합니다. 마지막으로, 힘들어하는 나 자신에게 다정한 친구가 되어 주세요. "힘들었겠다." 이러한 이해와 공감의 태도는 카오스라는 거대한 어두운 마음을 이겨 낼 수 있는 강력한 힘이 됩니다. 그리고 부정적인 감정을 혼자 해결하기 어려운 경우에는 늦지 않게 보호자, 상담 전문가 또는 치료 전문 선생님의 도움을 받아야 합니다.

회복된 행복왕국과 다시 찾은 마인드스톤: 회복탄력성과 외상 후 성장

부모님을 위한 심리학적 이해

회복된 행복왕국이 상처 입기 전보다 더 깊고 강한 빛을 내는 것은 '회복탄력성(Resilience)'과 '외상 후 성장(Post-Traumatic Growth)'의 가능성을 보여 줍니다. 외상 후 성장은 고통스러운 경험을 통해 이전보다 더 긍정적인 방향으로 성장하는 현상을 의미합니다. 이는 일부 연구에서 보고되는 현상으로, 역경 경험 이후 삶의 의미나 가치관을 새롭게 재구성하며 긍정적 변화를 경험하는 것을 말합니다. 깨진 도자기를 금으로 이어 붙여 더 아름다운 작품으로 만드는 '킨츠기(Kintsugi)'처럼, 튼튼이는 상처라는 '균열'이 있었기에 세상에 단 하나뿐인 빛나는 '무늬'를 갖게 된 것입니다.

자녀 마음 코칭 가이드

아이가 시련을 겪었을 때, 그 경험의 의미를 함께 찾아 주는 것이 외상 후 성장을 돕는 길입니다. "그 힘든 일을 겪고 나서, 네 마음 속에 어떤 부분이 더 성장한 것 같니?"와 같은 대화를 나눠 주세요. 아이가 아픔 속에서 자신이 발견한 강점, 타인에 대한 깊어진 공감, 삶의 소중함 등을 긍정적으로 해석할 수 있게 도와주는 거죠. 상처는 나를 더 강하게 만든 성장의 서사로 재구성될 때, 아이는 앞으로 겪을 역경과 고난도 성장의 발판과 디딤돌로 삼을 수 있는 내면적 마음의 힘과 삶의 지혜를 얻게 될 수 있습니다.

심리학적 행복과 정신건강의 의미

마음 회복을 위한 마음 운동

이 모든 이야기의 여정은, 우리 아이들이 평생 사용해야 할 '마음 근육'을 키우는 이야기입니다. 마음 근육도 몸의 근육처럼, 후천적인 훈련을 통해 얼마든지 단단하게 만들 수 있습니다. 이때 부모님은 아이들의 아이들이 문제를 해결할 수 있도록 돕는 '조력자'이자 멘토가 되어 주어야 합니다. 아이가 힘들 때 언제든지 돌아와 쉴 수 있는 '안전한 장소(Secure Base)'이자, 세상을 향해 나아갈 수 있도록 용기를 주는 마음의 고향과 '안전한 집(Safe Home)'이 되어 주세요.

전문가 상담의 중요성

이 책은 아동의 마음을 이해하고 돕기 위한 심리학적 교육 정보를 제공합니다. 아이의 부정적인 마음이 일상생활에 영향을 미치거나 장기간 지속된다면, 늦지 않게 소아청소년 정신건강의학과 의사나 임상심리전문가 등 전문가의 도움을 받으시길 바랍니다. 늦지 않게 치료를 받도록 판단과 결정을 하는 것이 중요합니다. 아이들의 마음을 돌보기 위해서는 부모님의 마음도 건강해야 합니다. 양육 과정에서 지치고 힘들 때, 충분히 회복할 시간을 갖고, 필요하다면 전문가의 도움을 받는 것을 잊지 마세요.

제4부

성인 독자들을 위한 해설

행복왕국과 마인드스톤

새로운 일을 시작하거나 위기 앞에 섰을 때, 마음속에서 이런 목소리가 들려온 적 없나요? "넌 약하잖아. 넌 부족해. 넌 결코 해낼 수 없어." 오늘 이야기 속 행복왕국의 수호 마법사 위즈덤도 이 목소리 앞에 포기할 뻔했습니다. 이 목소리의 주인은 바로 우리 안의 첫 번째 악당, 프라이트(두려움)입니다.

두려움은 본래 우리를 위험에서 지켜 주는 순기능을 하지만, 때로는 우리의 가능성마저 가둬 버리는 감옥이 됩니다. 위즈덤이 위대한 마법사임에도 불구하고 선뜻 나서지 못했던 것처럼, 우리의 능력이나 경험과 상관없이 두려움은 누구에게나 찾아옵니다.

그렇다면 이 악당을 어떻게 물리칠 수 있을까요? 해피니스 왕의 마지막 조언에 힌트가 있습니다. "진정한 지혜는 더 많이 아는 것이 아니라, 두려움 속에서도 한 걸음씩 내딛는 용기를 실천하는 것이라네…." 위즈덤은 자신이 '작고 약하다'는 두려움을 인정하면서도, "지혜의 힘으로 나아갈 수 있다."고 선언하며 한 걸음을 내디뎠습니다.

이것이 핵심입니다. 두려움을 없애려고 싸우는 것이 아니라, 두려움의 존재를 인정하고 그럼에도 불구하고 나아갈 이유를 찾는 것. 우리 안의 '와이즈(지혜)'는 바로 과거의 성공 경험, 주변 사람들의 믿음, 혹은 새로운 배움일 수 있습니다. 두려움이 속삭일 때, 그 목소리에 "네 말이 맞을지도 몰라. 하지만 나에겐 더 중요한 가치가 있어."라고 답하며 딱 한 걸음만 내디뎌 보세요. 그 첫걸음이 바로 당신의 [용기의 보석]이 될 것입니다.

위대한 여정은 '용기 있는 한 걸음'에서 시작됩니다.

우리 모두의 마음속엔 저마다 각자의 '행복왕국'이 있습니다. 하지만 예상치 못하게 '카오스(부정적인 마음)'의 공격을 만나면, 우리를 지탱하던 '마인드스톤(마음속 평화, 평온함)'은 깨어지기 마련입니다. 학업 스트레스, 가족관계, 친구관계, 관계의 단절, 실직, 건강 문제 등 부정적인 사건을 만났을 때, 우리가 가장 먼저 만나는 빌런은 누구일까요? 바로 프라이트(두려움)입니다.

두려움 앞에서 우리는 위즈덤처럼 망설이게 됩니다. "나처럼 작고 약한 존재가 이 문제를 해결할 수 있을까? 이 문제와 맞서 싸울 수 있을까?"

하지만 마음 히어로즈 친구들의 이야기는 우리에게 진정한

의 시작은 완벽함이 아님을 보여 줍니다. 위기는 우리가 완전히 준비되지 못했을 때에도 찾아올 수 있습니다. 위즈덤을 움직인 것은 모든 것을 해결할 수 있다는 자신감이 아니었습니다.

혹시 지금 당신의 행복왕국이 무너져 어찌할 바를 모르겠나요? 그렇다면 모든 것을 한꺼번에 또는 한 번에 해결하려 애쓰지 마세요. 단순하게 슬픔과 두려움을 인정하는 것부터 시작하세요. 그리고 딱 한 걸음씩, 누군가에게 도움을 요청하는 작은 행동이 당신의 잠자고 있던 '지혜의 책'을 깨우는 마법이 될 것입니다. 두렵지만… 그럼에도 불구하고, 노력하고 시도해 보는 용기 내서 도전해 봐야지 하는 마음이 문제 해결을 시작하는 위대한 여행의 시작입니다.

왕별이와 희망의 안경 이야기

무언가에 실패한 이후에 세상 모든 것이 어두움으로 보이고, '이제 다 끝났어. 난 아무것도 할 수 없어'라는 생각에 갇혀 본 적 있나요? 오늘 이야기 속에 왕별이가 쓴 '절망의 안경'이 바로 우리 마음 속 데스페어(절망)가 씌우는 부정적인 생각의 안경입니다. 이 절망의 안경은 인지적 왜곡이라는 부정적인 생각을 만들어 냅니다. 과거의 좋았던 기억(아버지와의 추억, 친구들과의 웃음)은 '그건 다 과거일 뿐'이라며 평가절하하고, 미래는 '넌 결국 다시 쓰러질 거야'라며 부정적으로 생각하고 예측하고 잘못된 신념을 갖도록 만들죠. 심지어 나 자신을 '아무 소용 없는 존재'라고 낙인찍게 만들기도 합니다.

이 안경을 어떻게 벗을 수 있을까요? 위즈덤과 와이즈의 방법서 두 가지 중요한 열쇠를 찾을 수 있습니다.

- 객관적인 증거 찾기: 와이즈는 "네가 친구들에게 웃음을 주었던 순간, 넘어져도 다시 일어섰던 순간, 그 모든 게 네가 희망이라는 증거야!"라고 외칩니다. 절망에 빠졌을 때 '나는 쓸모없다'는 생각은 '감정'일 뿐 '사실'이 아닙니다. 내 삶에서 작지만 소중했던 성공의 순간, 누군가에게 힘이 되었던 기억 같은 기억을 내 존재 가치의 증거로써 의식적으로 떠올리는 훈련이 필요합니다.
- 주변의 건강한 목소리 듣기: 왕별이는 혼자 힘으로 안경을 벗지는 못했습니다. "난 널 믿어!"라는 친구의 진심 어린 목소리가 그의 마음을 움직였습니다. 절망의 안경을 쓰고 있을 땐 세상이 왜곡되어 보이므로, 나를 믿어주는 가족, 친구, 멘토의 목소리에 귀를 기울이는 것이 중요합니다. 그들의 목소리는 왜곡된 시야를 교정해 주는 역할을 합니다.

절망은 어둠과 같아서, 작은 빛만 있어도 그 힘을 잃기 시작합니다. 내 안의 작은 불씨를 찾아내고, 주변의 따뜻한 목소리를 받아들일 때, 우리는 비로소 절망의 안경을 깨부수고 세상을 있는 그대로 바라볼 수 있는 [희망의 보석]을 얻게 될 것입니다.

세상이 온통 어둡게 보일 때, 절망의 안경을 쓰고 있지는 않은지 안경을 점검해 보세요. 큰 실패나 상실감을 겪고 나면, 우리는 종종 세상이 어둡게 변했다고 생각합니다. 햇살은 빛을 잃고, 사람들의 목소리는 소음처럼 들리며, 미래는 굳게 닫힌 문처럼 느껴집니다.

동화 속 왕별이는 아버지를 잃은 슬픔 속에서 '데스페어'가 만든 절망의 안경을 씁니다. 그러자 세상의 모든 긍정적인 면은 차단되고, 오직 자신의 부족함과 부정적인 미래만 보이게 됩니다. 이것은 단순한 슬픔을 넘어, 우리의 사고방식 전체를 장악하는 인지적 필터의 문제입니다.

이 안경의 가장 무서운 점은, 안경을 쓰고 있다는 사실조차 잊게 만든다는 것입니다. '세상이 원래 이런 곳이야', '내가 원래 이런 사람이야'라고 믿게 만들어요.

왕별이가 안경을 벗을 수 있었던 결정적 계기는 친구들의 목소리를 통해 '안경 너머의 세상'을 보기 시작한 순간이었습니다. "어둠 속에도 빛이 숨어 있었어…"라는 그의 깨달음처럼, 희망은 절망의 완전한 소멸이 아니라 어둠 속에서도 작은 빛을 발견하려는 생각의 전환에서 시작됩니다.

혹시 지금 당신의 세상이 온통 잿빛인가요? 그렇다면 잠시 내가 쓰고 있는 마음의 안경을 점검해 보세요. 그리고 나를 믿어 주는 단 한 사람의 목소리에라도 귀를 기울여 보세요. 그 작은 믿음을 통해 들어온 희망의 빛이, 당신의 절망의 안경을 깨뜨리는 기적이 될 것입니다.

견고함의 보석으로 치유된 달팽이의 집

큰 사고나 충격적인 사건을 겪은 후, 세상이 온통 위험한 곳처럼 느껴지고 작은 소리에도 깜짝 놀라게 되는 경험이 있으신가요? 이야기 속 달팽이 튼튼이는 트라우마라는 깊은 동굴에 갇혔습니다. 깨진 등껍질은 단순한 상처가 아니라, '세상은 안전하지 않다'는 믿음을 심어 준 마음의 상흔이었죠.

이때 나타나는 빌런 빅쇼크 골렘은 과거의 끔찍한 기억을 끊임없이 재생하며 우리를 동굴 밖으로 나가지 못하게 만듭니다. "또 위험한 일이 생길 거야! 넌 결코 안전하지 않아!" 이 목소리는 우리의 뇌에 깊이 각인된 생존 본능과도 같아서, 이성적인 판단을 마비시키기도 합니다.

튼튼이가 동굴에서 나올 수 있었던 과정은 트라우마를 치유하는 매우 중요한 단계를 보여 줍니다.

- 안전한 환경 조성하기(그라운딩): 왕별이는 "숲 전체를 보려 하지 마. 지금은 이 작은 나뭇잎 하나만 보면 돼."라고 말합니다. 트라우마를 겪은 이에게 '세상은 안전해!'라는 막연한 위로는 와닿지 않습니다. 대신, 지금 이 순간, 내 눈앞의 작은 나뭇잎처럼 통제 가능하고 안전한 현실에 집중하게 돕는 것이 중요합니다.
- 상처의 의미 재해석하기(킨츠기): 위즈덤은 깨진 도자기를 금으로 이어 더 아름답게 만드는 '킨츠기' 예술을 보여 줍니다. 이것은 상처가 '끝'이 아니라, 새로운 의미와 아름다움을 가질 수 있다는 관점의 전환을 제시합니다. 상처를 부끄러워하고 숨기는 대신, 그것을 극복한 나의 강인함의 증표로 여길 수 있게 돕는 것입니다.
- 작은 용기 내어 보기(행동 활성화): 누구도 튼튼이를 강제로 끌어내지 않았습니다. "딱 한 걸음만" 내디뎌 보도록 격려했을 뿐입니다. 스스로의 의지로 안전지대에서 한 발짝 나오는 작은 성공 경험이, 트라우마가 심어 놓은 무력감을 깨뜨리는 가장 강력한 힘이 됩니다.

상처를 입었다는 사실은 변하지 않지만, 그 상처를 어떻게 바라보고 대할지는 우리가 선택할 수 있습니다. 그 선택의 용기가 바로 깨진 집을 황금빛으로 채우는 [견고함의 보석]입니다.

우리는 살면서 크고 작은 '도토리'에 맞아 마음의 집이 깨지는 경험을 합니다. 믿었던 사람에게 받은 상처, 예기치 못한 실패, 갑작스러운 상실. 그 순간 우리는 깨어진 틈으로 세상의 모든 위험이 쏟아져 들어올 것 같은 공포에 휩싸여, 튼튼이처럼 트라우마의 동굴에 갇히곤 합니다.

동굴 안에서 우리는 깨어진 부분을 감추고 싶어 합니다. 상처는 약점이고, 실패라고 생각하기 때문이죠. 빌런 빅쇼크 골렘은 이렇게 말합니다. "넌 상처 입었어. 넌 너무나 약해. 그러니 동굴 안에 계속 숨어 있어야 해." 이 목소리는 우리를 과거의 고통 속에 계속 머물러 있게 만듭니다.

하지만 이 이야기는 튼튼이의 상처 이후의 성장을 보여 줍니다. 튼튼이의 깨진 집이 치유되는 방식은 깨진 그 틈을 더 아름다운 황금으로 채우는 것이었습니다. 일본의 '킨츠기' 예술처럼 깨어진 상처의 흔적을 그것을 통해 더욱 독특하고 아름다운 존재로 회복하고 거듭난 것이죠.

이것은 우리 삶에도 깊은 통찰을 줍니다. 당신을 아프게 했던 그 상처가, 당신을 더욱 깊이 있는 사람으로 만들어 줄 수 있습니다. 상실의 아픔을 겪었기에 타인의 슬픔에 더 깊이 공감할 수 있고, 실패의 쓴맛을 보았기에 작은 성공에 더 진심으로 감사할 수 있습니다.

혹시 지금 과거의 상처 때문에 어두운 동굴 속에 숨어 있나요? 그렇다면 기억하세요. 당신이 숨기고 싶은 그 '깨어진 곳'이야말로, 세상의 빛이 스며들어와 당신을 가장 특별하게 빛나게 할 자리일지 모릅니다. 상처는 이야기가 끝난 곳이 아니라, 새로운 황금빛 이야기가 시작되는 곳입니다.

날개 다친 비둘기 구구 이야기

한때는 최고의 피아니스트였지만, 사고나 실패로 예전 같지 않은 자신을 보며 모든 것을 포기하고 싶었던 적이 있나요? 날개 다친 비둘기 구구는 바로 그런 절망에 빠졌습니다. 그의 곁에서 속삭이는 악당 페씨미스틱(비관주의)은 '흑백논리' 또는 '전부 아니면 전무(All-or-Nothing)'라는 사고의 함정을 파놓습니다.

"예전처럼 연주할 수 없다고? 그럼 모든 게 끝난 거야."

"완벽하지 않다고? 그럼 넌 아무것도 아니야."

이런 생각은 우리를 무력감에 빠지게 합니다. 과거의 '화려했던 나'와 현재의 '상처 입은 나'를 비교하며, 후자를 쓸모없는 존재로 낙인찍는 것이죠. 구구가 피아노 연주를 포기했던 시간은, 바로 자신의 불완전함을 마주할 용기가 없었기 때문입니다.

이 함정에서 어떻게 빠져나올 수 있을까요?

- '나 자신'과 '나의 기능'을 분리하기: 와이즈는 중요한 말을 합니다. "음악은 네가 가지고 있는 기능 중에 한 가지일 뿐이지, 네 자신의 존재보다 더 소중한 것은 아니야." 우리는 종종 자신의 직업, 능력, 성과를 자기 자신과 동일시합니다. 그래서 성과가 무너지면 나 자신이 무너진다고 느끼죠. 하지만 '피아노를 잘 치는 나'는 나의 여러 모습 중 하나일 뿐, 나의 존재 가치 전부가 아닙니다.
- 새로운 가능성 탐색하기: 위즈덤은 "한 손으로 연주하는 피아니스트도 있다."며 새로운 길을 제시합니다. 예전과 똑같이 돌아갈 수 없다는 것은 '실패'가 아니라, '변화'를 의미할 뿐입니다. 상처 입은 지금의 모습으로 할 수 있는 새로운 방법을 찾아보는 유연한 사고가 필요합니다.
- 아주 작은 첫걸음 내딛기: 왕별이는 "지금은 건반 하나만 눌러도 돼."라고 말합니다. 거창한 목표가 아닌, 아주 작고 사소한 성공 경험이 중요합니다. 구구가 눌렀던 단 하나의 건반 소리. 그 어설픈 소리가 바로 '나는 끝났다'는 비관적인 믿음을 깨뜨리는 첫 번째 망치질이었습니다.

완벽하지 않아도 괜찮습니다. 예전 같지 않아도 괜찮습니다. 지금의 내 모습 그대로를 받아들이고, 작은 한 음부터 다시 시작할 용기를 낼 때, 우리는 비로소 [회복의 보석]을 얻게 됩니다.

우리 인생의 악보 위에는 때때로 예상치 못한 '쉼표'가 찍히곤 합니다. 빛나던 경력이 멈추고, 건강했던 몸에 이상이 생기고, 활기찼던 일상이 음악을 잃습니다. 이때 우리 안의 비관주의자 '페씨미스틱'은 속삭입니다. "이건 쉼표가 아니야. 네 연주는 여기서 끝났어. 이건 마침표야."

날개 다친 피아니스트 구구는 이 목소리에 사로잡혀 자신의 피아노 연주를 포기해 버렸습니다. 과거의 화려했던 연주와 비교하며, 지금의 자신은 아무런 의미도 없다고 단정 지은 것이죠. 우리 역시 마찬가지입니다. 잘나가던 과거의 '나'와 현재의 '초라한 나'를 저울 위에 올려놓고, 스스로에게 '실패'라는 판결을 내리곤 합니다.

하지만 구구의 친구들은 중요한 사실을 일깨워 줍니다. 인생이라는 음악은 단 하나의 완벽한 곡으로 결정되지 않는다는 것을요. 때로는 연주 방식이 바뀌기도 하고(한 손 피아니스트처럼), 때로는 아주 작은 소리 하나가 더 큰 울림을 주기도 합니다. 구구가 용기 내어 누른 단 하나의 건반, 그 소리는 비록 과거의 연주처럼 화려하진 않았지만, 절망의 침묵을 깨고 새로운 음악 세계를 여는 가장 위대한 첫 음이었습니다.

혹시 지금 당신의 삶에 예기치 않은 쉼표가 찍혔나요? 그래서 모든 것이 끝났다고 느끼시나요? 그렇다면 기억하세요. 그 쉼표는 당신의 이야기에 마침표를 찍으라는 신호가 아닙니다. 잠시 숨을 고르고, 다른 음으로, 다른 박자로, 당신의 다음 악장을 준비하라는 따뜻한 초대장일지 모릅니다. 당신이 내는 그 작은 소리 하나가, 세상에서 가장 아름다운 음악의 시작이 될 수 있습니다.

아트펀트와 창의력의 보석

새로운 도전을 앞두고 "네 그림은 이상해.", "모두가 널 비웃을 거야."와 같은 내면의 목소리 때문에 시작조차 하지 못했던 경험이 있나요? 코끼리 화가 아트펀트의 마음을 힘들게 하는 악당 크리티스(비평가)와 리디큘(조롱하는 빌런)는 바로 타인의 시선에 대한 두려움을 상징합니다.

- 과도한 일반화: "다들 비웃을 거야.", "사람들은 날 싫어할 거야."처럼, 몇몇의 부정적인 가능성을 사실처럼 믿는 것.
- 성과와 자아의 동일시: 위즈덤이 지적했듯이, 그림이 실패한다고 하더라도 우리가 실패작이 되는 것은 아니지만, 크리티스는 '결과물의 실패 = 나의 실패'라는 인식을 대입하여 우리의 마음을 힘들게 만듭니다.

- '다름'을 '틀림'으로 규정: 어떤 전통주의 그룹에서는 마치 단 한 가지의 정답만 있는 것처럼, 나의 창의적인 시선과 표현 방식을 '틀린 것' 또는 '부족한 것'으로 비판할 때가 있습니다.

우리는 이 부정적인 비평을 어떻게 다룰 수 있을까요?

- 역사 속 롤모델 찾기: 위즈덤과 친구들은 '반 고흐'의 이야기를 들려줍니다. 세상의 비웃음 속에서도 자신의 길을 갔던 인물들의 이야기는, 안도감과 함께 '나만의 개성과 특별함'이 위대함이 될 수 있다는 용기를 줍니다.
- 두려움 인정하기: 왕별이는 "두려움은 잘못이 아니야. 두려움을 인정하는 순간, 넌 이미 절반을 이겨 낸 거야."라고 말합니다. '아, 내가 지금 다른 사람들의 시선을 무서워하고 있구나'라고 자신의 감정을 알아차리고 인정해 주는 것만으로도 부정적인 힘은 약해집니다.
- 작게 시작하고, 과정을 칭찬하기: 아트펀트의 위대한 시작은 완벽한 그림이 아닌 '작은 붓 터치'였습니다. 창의력의 붓을 다시 들고 그림 그리기를 시작한 그 '용기 있는 행동' 자체에 의미를 부여하는 것이 중요합니다.

다른 사람의 기준이 아닌, 내 마음의 진실을 표현하려는 용기를 포기하지 않을 때, 우리는 어떤 비판에도 흔들리지 않는 [창의력의 보석]을 얻을 수 있습니다.

비평들은 우리가 캔버스 앞에 설 때마다 속삭입니다. "선은 곧아야 하고, 색은 현실과 같아야 해. 조금이라도 다르면 그건 실패작이야." 우리는 그 기준에 주눅 들어, 결국 아무것도 그리지 못한 채 붓을 내려놓곤 합니다.

아트펀트는 바로 이 비평가에게 사로잡혀 있었습니다. 자신의 창의적이고 개성 있는 선과 색을 '틀린 것'이라 비판받으면서, 세상의 비판을 두려워했죠. 이것은 비단 예술가들에게만 적용되는 이야기가 아닙니다. 새로운 아이디어를 내야 하는 직장인, 남들과 다른 꿈을 꾸는 청년 모두가 이러한 세상의 날카로운 비판과 싸웁니다.

이야기는 이 비평가를 이기는 법이 '더 완벽해지는 것'이 아님을 보여 줍니다. 오히려 그 해답은 역사상 가장 '실패한' 화가로 불렸던 반 고흐에게 있었습니다. 그는 생전 단 한 점의 그림만을 팔았지만, 세상의 조롱 속에서도 자신의 눈에 보이는 대로, 마음이 느끼는 대로 그림을 그렸습니다. 그는 세상의 '정답'이 아닌, 자기 내면의 '진실'을 택했습니다.

아트펀트가 비평가를 이긴 결정적 순간은, 완벽한 해바라기를 그려 냈을 때가 아니었습니다. 두려움을 이겨 내고 캔버스 위에 붓 터치를 시작했을 때였죠.

혹시 지금 당신도 비평가들 앞에서 망설이고 있나요? 그렇다면 바로 작은 붓 터치를 시작해 보세요. 세상의 위대한 그림들도 용기 있는 작은 붓 터치 하나에서 시작되었으니까요.

잿빛 안개 속의 호랑이 - 호범이 이야기

'왜 나만 이럴까?', '나는 부족하고 못난 사람이야' 이런 생각들에 사로잡혀 아무것도 하고 싶지 않고, 그저 사라져 버리고 싶은 기분에 휩싸인 적이 있나요? 어린 호랑이 호범이가 갇힌 '잿빛 안개'는 바로 무기력'과 '자기연민'이라는 감정의 늪입니다.

이 늪을 더 깊게 만드는 악당 그레이는 아주 교묘한 방식으로 우리를 공격합니다. 그는 우리를 비난하는 동시에, 그 상태에 머물도록 달콤하게 유혹합니다. "그래, 넌 원래 부족해. 그러니 움직일 필요 없어. 그냥 웅크리고 있어." 이 목소리는 우리에게서 마지막 움직일 힘마저 빼앗아 갑니다.

- 공감(Normalizing): 위즈덤은 "너만 그런 게 아니야."라고 말해

줍니다. '나만 유독 이상하다'는 고립감은 무기력을 심화시킵니다. 나의 감정이 인간이라면 누구나 느낄 수 있는 보편적인 것임을 아는 것만으로도 큰 위로가 됩니다.

- 재해석(Reframing): 왕별이는 "마음이 무겁다는 건 그만큼 깊다는 뜻"이라며 부정적인 상태에 긍정적인 의미를 부여합니다. 눈물을 '마음을 씻는 소독약'으로 재해석한 것처럼, 나의 상태를 새로운 관점으로 바라보는 것이 중요합니다.
- 행동 활성화(Behavioral Activation): 튼튼이는 무기력을 '뇌가 보내는 신호'라고 설명하며, '잎새 하나만 그려 보자'고 제안합니다. 거창한 목표가 아닌, 아주 작고 구체적인 행동 하나를 성공시키는 것이 중요합니다. 이 작은 성공이 '나는 무력하지 않다'는 새로운 증거가 되어 뇌에 긍정적인 신호를 보냅니다.
- 감정 알아차리기(Emotional Awareness): 구구는 "잎새가 빛나는 걸 보니 어떤 기분이 들어?"라고 묻습니다. 나의 작은 행동이 내 마음에 어떤 긍정적인 변화를 가져왔는지 스스로 알아차리고 언어로 표현하게 하는 과정입니다. 이것은 자기효능감을 높여 줍니다.

아름다운 기다림으로 나비가 된 번데기 벤디 이야기

"나만 뒤처지면 어떡하지?" SNS 속 친구들의 화려한 성공 소식, 나보다 앞서가는 동료들을 보며 불안하고 초조해진 적 없으신가요? 번데기 벤디의 마음을 힘들게 만드는 빌런 헤이스트(조급함)는 바로 현대 사회를 살아가는 우리 모두의 마음속에 살고 있습니다.

이 조급함이라는 빌런은 우리에게 '속도'가 유일한 가치 기준인 것처럼 속삭입니다. "빨리, 빨리! 다른 사람들은 벌써 저만큼 갔잖아!" 이 목소리는 우리 삶의 자연스러운 과정을 무시하고, 결과만을 재촉하게 만듭니다. 하지만 모든 것에는 저마다의 시간이 필요한 법입니다. 아기가 태어나는 데 열 달이 걸리고, 씨앗이 열매를 맺기까지 한 계절이 필요하듯이 말이죠.

벤디가 조급함을 이겨 낸 과정은, 우리에게 '건강한 기다림'의 기술을 알려 줍니다.

- **경험자의 조언 듣기**(Mentoring): 먼저 날개를 편 나비 플로라는 "번데기 속의 시간은 헛된 게 아니야. 네 날개를 단단하게 만들어 주는 소중한 시간이야."라고 말해 줍니다. 나보다 먼저 그 길을 걸어간 사람의 경험담은, 현재 나의 기다림이 '정체'가 아닌 '준비'의 과정임을 깨닫게 해주는 중요한 지표가 됩니다.
- **외부의 소음 끄기**(Turning Off the Noise): 벤디는 헤이스트의 목소리를 차단하고, '자기 안의 소리'에 귀를 기울였습니다. 비단실이 짜이는 소리, 심장이 자라는 소리. 이것은 외부의 기준(남들의 속도)이 아닌, 나 자신의 내면적 성장과 성숙에 집중하는 것을 의미합니다.
- **기다림의 의미 재정의하기**(Reframing the Waiting): 벤디는 "조급함은 나를 얇게 만들 뿐이지만, 기다림은 나를 강하게 해."라고 선언합니다. 기다림을 '뒤처짐'이나 '정체'가 아닌, '깊어지고 단단해지는 과정'으로 그 의미를 스스로 재정의한 것입니다.

남들과 비교하며 나의 시간을 재촉할 필요 없습니다. 당신의 번데기 속에서, 당신만의 가장 아름다운 날개가 만들어지고 있음을 믿으세요. 그 믿음이 바로 아름다운 기다림을 의미하는 [인내심의 보석]입니다.

여러분의 '번데기 시절'을 존중해 주세요. 우리는 '나비'의 시대에 살고 있습니다. SNS 피드는 화려하게 날갯짓하는 성공스토리로 가득하고, 세상은 더 빨리, 더 높이 날아오르라고 우리를 채찍질합니다. 이런 세상 속에서 아직 날개를 펴지 못한 채 웅크리고 있는 '번데기' 시절은, 실패나 뒤처짐의 증거처럼 느껴지기 쉽습니다.

번데기 벤디의 불안은 바로 우리의 불안함입니다. "나만 늦으면 어떡하지?" 이 질문 속에서 우리는 아직 단단해지지 않은 날개를 억지로 펴려고 안간힘을 씁니다. 하지만 이야기는 명확하게 경고합니다. 준비되지 않은 날갯짓은 비상이 아닌 추락으로 이어진다고 말이죠.

진정한 성장은 외부의 속도에 맞추는 것이 아니라, 내부의 리듬을 따를 때 이루어집니다. 벤디가 외부의 소음을 차단하고 자신의 심장 소리, 날개가 짜이는 소리에 귀 기울였던 것처럼, 우리에게도 세상의 '좋아요'와 '성공 소식'을 잠시 끄고, 내 안에서 어떤 변화가 일어나고 있는지 가만히 들여다보는 시간이 필요합니다.

어쩌면 지금 여러분이 커리어의 전환기를 맞아 다음 스텝을 고민하는 번데기일 수 있습니다. 혹은 아이를 키우며 잠시 경력이 단절된 채, 세상과 격리된 듯한 번데기 시절을 보내고 있을 수도 있습니다. 그 시간이 초조하고 불안하게 느껴질지라도, 기억해야 합니다. 그 안에서 당신의 경험은 더욱 단단한 날개 근육이 되고, 당신의 고민은 더 멀리 날아갈 방향을 잡아 주는 더듬이가 되고 있습니다.

결코 여러분의 번데기 시절을 부끄러워하거나 낭비라고 생각하지 마세요. 세상의 모든 아름다운 나비는, 고요한 기다림의 시간을 온전히 견뎌 낸 번데기였으니까요. 당신의 시간은 지금, 가장 위대한 비상을 준비하고 있습니다.

티티와 루루 이야기

"저 사람보다 나는 부족해." SNS 속 타인의 반짝이는 일상, 나보다 앞서가는 동료, 나보다 더 예쁘고 멋진 사람들을 보며 스스로를 깎아내린 적이 있나요? 고양이 소녀 티티를 괴롭힌 악당 컴페리즌(비교)은 우리를 끝없는 불행의 늪으로 끌어당기는 교활한 적입니다.

비교라는 악당은 두 가지 강력한 무기를 사용합니다.

- 선택적 비교: 컴페리즌은 절대로 공정한 비교를 하지 않습니다. 나의 가장 큰 단점과 타인의 가장 큰 장점만을 떼어 내 비교하며 '나는 부족하다'는 결론을 도출합니다.
- 긍정적 피드백 왜곡하기: 왕별이가 "네 털빛은 벨벳 같아!"라고 진심으로 칭찬했지만, 티티는 "날 불쌍히 여겨서 하는 말일 뿐"이라며 그 가치를 깎아내립니다. 비교의 늪에 빠지면,

타인의 긍정적인 평가마저 '동정'이나 '거짓말'로 왜곡해서 받아들이게 됩니다.

이 악당을 물리치는 길은 '더 나은 사람이 되어 비교에서 이기는 것'이 아닙니다. 티티가 보여 준 해답은 전혀 다른 곳에 있었습니다. 바로 자기수용(Self Acceptance)과 자기 자비(Self-compassion)입니다.

티티는 '두려움에 떨며 우는 작은 자신'을 발견합니다. 그리고 비난하는 대신, "괜찮아. 이제 널 혼자 두지 않을게. 부족한 모습 그대로, 내가 널 사랑으로 꼭 안아 줄게, 완벽하지 않아도 괜찮아."라고 말하며 손을 내밉니다.

이것이 핵심입니다. 비교하는 마음이 들 때, '왜 나는 저 사람처럼 되지 못할까'라며 자신을 채찍질하는 대신, '아, 내가 지금 저 사람이 부러워서 마음이 아프구나. 사랑받지 못할까 봐 두려워하고 있구나' 하고 자신의 진짜 감정을 알아주고 위로해 주는 것입니다. 내 안의 상처 입은 아이를 내가 먼저 따뜻하게 안아 줄 때, 우리는 비로소 타인과의 비교라는 감옥에서 벗어나 온전한 나 자신으로 존재할 수 있는 [자유의 보석]을 얻게 됩니다.

우리 모두는 마음속에 거울을 하나씩 가지고 살아갑니다. 그런데 이 거울은 이상하게도 내 모습은 비추지 않고, 온통 타인의 모습만 비춥니다. 그리고 그들의 반짝이는 모습을 기준으로, 거울 밖에 서 있는 나를 끊임없이 평가하고 판단합니다. 이것이 바로 '비교의 거울'입니다.

티티는 이 거울 앞에서 살았습니다. 거울 속에는 늘 자신보다 더 빛나는 털, 더 맑은 눈동자를 가진 '타인'이 있었고, 그 앞에서 티티는 영원히 부족한 존재일 뿐이었습니다. 이 거울의 가장 큰 비극은, 우리를 행복하게 만들어 주기는커녕, 우리 자신의 고유한 아름다움마저 잊게 만든다는 것입니다.

우리는 이 비교의 거울을 깨기 위해 안간힘을 씁니다. 더 좋은 차를 사고, 더 넓은 집에 살고, 더 멋진 곳으로 여행을 가서 '거울 속 타인'보다 더 나은 모습을 보이려 애쓰죠. 하지만 이 경쟁은 결코 끝나지 않습니다. 거울은 또 다른, 더 반짝이는 누군가를 비출 테니까요.

티티가 진정한 자유를 얻은 것은 거울을 깨부쉈을 때가 아니었습니다. 그녀는 거울을 향해 손을 내밀어, 그 속에 비친 '상처 입고 우는 자기 자신'을 따뜻하게 안아 주었습니다. 비교의 대상이었던 타인이 아니라, 비교 때문에 아파하던 '나'에게로 시선을 돌린 것입니다.

그 순간, 차가운 비교의 거울은 저절로 깨져 '존중의 거울'이 되었습니다. 존중의 거울은 타인이 아닌, 있는 그대로의 나를 비춰 줍니다. 불안하지만 용기 있고, 상처 입었지만 따뜻한, 세상에 단 하나뿐인 나의 진짜 모습을 말이죠.

혹시 지금도 깨지기 쉬운 비교의 거울 앞에서 자신을 들볶고 있나요? 이제 그 거울에서 시선을 돌려, 그 앞에서 상처받고 있는 당[illegible]의 마음을 먼저 안아 주세요. 있는 그대로의 당신이, 이미 완벽한 [illegible]니다.

꺼지지 않는 작은 빛,
반디 이야기

'무가치함'이라는 거짓말과 싸우는 법

"나는 쓸모없는 존재야.", "나는 태어나지 말았어야 했어." 이처럼 자기 존재 자체를 부정하는 깊은 무력감에 빠져 본 적이 있나요? 반딧불이 반디를 어둠 속에 숨게 만든 빌런 디스어포인트는 우리 마음속 가장 깊은 곳에 있는 자존감을 공격합니다.

디스어포인트는 우리의 실패와 단점만을 집중적으로 비추며, 그것이 곧 '나'의 전부인 것처럼 믿게 만듭니다. "빛을 내지 못해 실망을 안겨 주던 너!", "추락해 비웃음당하던 너!" 이런 과거의 상처 입은 기억들을 끄집어내어 '너는 무가치하다'는 결론을 만들어 냅니다.

이 강력한 자기부정의 목소리에서 어떻게 벗어날 수 있을까요?

- 균형 잡힌 시각으로 '진실' 보기: 위즈덤은 무가치의 거울이 '거짓된 모습'이라고 말하며, 다른 거울을 비춰 줍니다. 그 거울 속에는 길 잃은 개미를 도와주고, 외로운 할머니의 말벗이 되어 준 반디의 모습이 담겨 있습니다. 의식적으로 나의 장점, 내가 누군가에게 베풀었던 작은 친절, 내가 성취했던 사소한 성공들을 떠올리며 균형 잡힌 자기 인식을 하는 훈련이 필요합니다.
- '존재'와 '행위'를 분리하기: 반디는 다른 친구들처럼 '밝게 빛내고, 멋진 춤을 추는 행위'를 하지 못한다고 해서 자신의 '존재'가 무가치하다고 여겼습니다. 하지만 우리는 어떤 능력이나 성과 때문에 가치 있는 것이 아닙니다. 우리는 그저 존재한다는 사실 자체만으로 소중합니다.
- 나의 고유성 인정하기: 반디는 마침내 "이 빛은 비록 작을지라도, 하지만 이건 나만의 고유하고 소중한 빛이야."라고 선언합니다. 남들과 비교하여 나의 가치를 매기는 것이 아니라, 크든 작든, 밝든 희미하든, 나만이 가진 고유한 빛과 색깔로 가치를 인정하는 것입니다.

당신의 빛이 작다고 해서 결코 무가치한 것이 아닙니다. 세상에 똑같은 빛은 하나도 없으니까요. 나만의 고유한 빛을 인정하는 순간, 우리는 [자존감의 보석]을 발견하게 될 것입니다.

우리는 스포트라이트의 시대에 살고 있습니다. 더 밝고, 더 강렬더 화려한 빛만이 가치 있다고 세상은 말합니다. 그 눈부신 빛들 사이에서, 내 안의 빛이 너무 작고 희미하게 느껴질 때, 우리는 반딧불이 반디처럼 스스로를 어둠 속에 숨깁니다. '나 같은 건 없는 게 나아'라며, 스스로의 존재를 잊어버리죠.

우리를 숨게 만드는 악당 디스어포인트는 교묘한 편집의 빌런입니다. 우리의 인생이라는 긴 필름에서, 가장 실수하고, 가장 부끄럽고, 가장 실패했던 장면들만 잘라내어 보여 줍니다. 그리고 속삭이죠. "봐, 이게 바로 너의 진짜 모습이야."

하지만 동화는 진실을 비추는 또 다른 거울을 우리에게 보여 줍니다. 그 거울 속에는 우리가 잊고 있던 장면들이 담겨 있습니다. 남몰래 베풀었던 작은 친절, 누군가의 이야기를 진심으로 들어 주었던 시간, 서툴지만 최선을 다했던 노력의 순간들. 스포트라이트를 받지는 못했지만, 분명 누군가의 길을 비춰 주었던 따뜻한 기억들입니다.

반디가 어둠을 이겨 낸 힘은, 갑자기 태양처럼 밝은 빛을 뿜어냈기 때문이 아닙니다. "이 빛은 작을지도 몰라. 하지만 이건 나만이 가진 고유하고 소중한 빛이야." 바로 자신의 작고 희미한 빛을 '나의 것'으로 온전히 끌어안는 순간, 기적이 일어났습니다. 그 고유한 빛은 다른 어떤 빛보다 따뜻했고, 그 진실함이 '무가치'라는 거대한 거짓말을 산산조각 냈습니다.

혹시 지금 당신의 빛이 너무 작다고 느껴지나요? 괜찮습니다. 세상의 모든 어둠을 밝힐 필요는 없습니다. 그저 당신의 자리에서, 당신만의 빛깔로, 당신의 빛을 꺼뜨리지 않는 것. 그것만으로도 당신은 이미 누군가의 세상을 밝히고 있는 가장 소중한 존재입니다.

가장 느린 걸음의 기적, 차분이 이야기

내 안의 '빨리빨리' 마음을 다스리는 법

"시간이 없어!" 해야 할 일은 산더미인데 마음만 급해 허둥대다, 결국 아무것도 제대로 해내지 못하고 자책한 경험이 있으신가요? 거북이 차분이가 살던 '서두름의 계곡'은 바로 성과와 효율을 강요하는 현대 사회, 그리고 그 속에서 살아가는 우리의 불안한 내면을 상징합니다.

이곳을 지배하는 빌런 러쉬(Rush)는 '조급함'의 빌런입니다. 그는 우리에게 끊임없이 속삭입니다. "느린 건 나쁜 거야.", "쉬면 뒤처지는 거야." 그리고 우리의 약점(차분이의 등껍질)을 '실패의 증거'라 공격하고, 우리를 끝없는 자기 비난에 빠뜨립니다.

차분이가 혼돈의 계곡에 질서를 되찾아 온 과정은, 속도 경쟁 사회에서 나를 지키는 중요한 지혜를 담고 있습니다.

- 관점의 전환(상처를 훈장으로): 위즈덤은 차분이가 부끄러워하던 등껍질의 상처를 '실패의 흔적'이 아닌, '꿋꿋하게 걸어온 영광의 훈장'이라고 말해 줍니다. 과거의 실패나 약점을 어떻게 바라보느냐에 따라 그것은 나를 주저앉히는 족쇄가 될 수도, 나를 더 단단하게 만드는 훈장이 될 수도 있습니다.
- 과정 중심의 사고(Process-oriented Thinking): "저 멀리 있는 목표를 보지 말고, 딱 다음 한 걸음만 보는 거다." 이것은 '결과'가 아닌 '과정'에 집중하는 매우 중요한 태도입니다. 최종 목표가 너무 거대해 보일 때 우리는 압도당하고 무력해지기 쉽습니다. 하지만 지금 당장 내디딜 수 있는 '다음 한 걸음'에만 집중하면, 우리는 꾸준히 앞으로 나아갈 힘을 얻게 됩니다.
- 자신만의 속도 존중하기: 차분이는 러쉬의 비난에도 "나는 느려도 괜찮아. 중요한 건, 나의 길을 꾸준히 나아가는 거야."라고 선언합니다. 이것은 타인의 속도나 세상의 기준이 아닌, '나만의 고유한 리듬'을 인정하고 존중하는 태도입니다.

세상의 속도에 나를 맞추려 애쓰지 마세요. 나만의 보폭으로, 나만의 리듬으로, 꾸준히 한 걸음씩 나아갈 때, 우리는 시간의 주인이 될 수 있는 [꾸준함의 보석]을 얻게 될 것입니다.

우리는 모두 저마다의 '등껍질'을 지고 살아갑니다. 남들보다 느린 학습 속도, 내성적인 성격, 쉽게 지치는 체력. 때때로 이 등껍질은 '빨리빨리'를 외치는 세상을 따라가지 못하게 만드는 무거운 감옥처럼 느껴집니다. 우리는 등껍질에 난 상처들을 보며, '이것 때문에 난 실패했어'라고 자책하곤 합니다.

거북이 차분이는 바로 그 자책감의 희생자였습니다. 조급함의 악당 '러쉬'는 그의 등껍질을 조롱하며, 그의 느림을 열등함의 증거로 낙인찍었죠. 우리 사회 역시 마찬가지입니다. '느림'은 종종 '게으름'이나 '무능'과 동의어로 취급받으며, 우리는 뒤처지지 않기 위해 자신의 페이스를 잃어버린 채 허덕입니다.

하지만 이야기는 놀라운 반전을 보여 줍니다. 러쉬가 날린 날카로운 '시간의 창' 앞에서, 차분이를 지켜 준 것은 결국 그가 그토록 저주했던 바로 그 등껍질이었습니다. 그가 걸어온 느린 시간, 꿋꿋하게 버텨 온 상처의 역사가 담긴 등껍질은, 세상 그 어떤 공격도 막아 내는 가장 위대한 '방패'가 되었습니다.

이것은 우리에게 깊은 울림을 줍니다. 여러분이 약점이라고 생각했던 부분이, 여러분을 더 발전할 수 있도록 만드는 원동력이 될 수도 있다는 것입니다.

혹시 지금 당신의 무거운 등껍질을 원망하고 있나요? 그렇다면 잠시 멈춰, 그 등껍질을 다시 한번 들여다보세요. 그것은 당신을 가두는 감옥이 아닙니다. 당신이 걸어온 모든 시간을 품은, 단단하고 영광스러운 당신만의 방패입니다.

고릴라 큰손이와 용서의 보석

'죄책감'이라는 어두운 그림자에게서 나를 구하는 법

"그때 내가 조금만 더 잘했더라면…." 돌이킬 수 없는 과거의 일 때문에, 혹은 나의 한계로 인해 최선의 결과를 만들지 못했을 때, 우리는 깊은 죄책감에 빠지고 맙니다. 고릴라 큰손이를 침묵의 숲에 가둔 악당 길트(Guilt)는 바로 이 죄책감의 그림자입니다.

죄책감은 본래 우리의 행동을 반성하고 더 나은 방향으로 나아가게 하는 긍정적인 기능이 있습니다. 하지만 이것이 과도해지면, '길트'처럼 우리의 사랑마저 왜곡하여 스스로를 공격하는 칼날로 만들어 버립니다.

길트가 큰손이를 공격하는 방식은 매우 교활합니다.

- 비현실적인 책임감 부과: "네가 조금만 더 강했더라면, 둘 다 구할 수 있었을 거야."라며, 인간의 한계를 넘어서는 완벽한 결과를 해내지 못한 것을 개인의 잘못으로 돌립니다.
- 최악의 상황만 반복 재생: 사랑하는 아내와의 행복했던 기억 대신, 그녀의 마지막 눈빛만을 끄집어내 '원망'으로 왜곡하고, 고통스러운 순간만을 반복해서 상기시킵니다.
- 행복할 자격 박탈: "넌 행복할 자격이 없어."라며, 앞으로 나아갈 권리마저 빼앗고 스스로를 벌하도록 만듭니다.

이 지독한 죄책감의 늪에서 어떻게 빠져나올 수 있을까요? 큰손이의 외침 속에 그 해답이 있습니다.

- 사실과 감정 분리하기: "나는 죄인이 아니었다. 너무나도 사랑했기에… 아팠던 것이다." 이것은 자신의 행동(최선을 다했지만 모두를 구하지는 못했다)과 그 결과에 대한 '감정(죄책감, 슬픔)'을 분리하는 중요한 과정입니다. 나는 최선을 다했다는 '사실'을 인정하고, 그럼에도 불구하고 아픈 것은 내가 나쁜 사람이어서가 아니라 그만큼 '사랑했기 때문'이라고 자신의 감정을 이해해 주는 것입니다.
- 자기 용서 선언하기: "나는 아내를 지켜 내지 못했던 나의 과거를 용서하고, 딸을 지켜 낸 나를 사랑하겠다." 용서는 타인에게만 필요한 것이 아닙니다. 인간으로서의 한계를 가질 수밖에 없었던 과거의 나, 완벽하지 못했던 나를 스스로 용서하는 것이 필요합니다.

스스로를 끝없이 비난하는 목소리를 멈추고, 최선을 다했던 나를 따뜻하게 안아 줄 때, 우리는 비로소 과거의 상처에서 해방되어 미래로 나아갈 수 있는 자기 사랑과 존중의 상징 [용서의 보석]을 얻게 됩니다.

그건 당신 잘못이 아닙니다.

우리 마음속에는 '나 때문에'라는 이름의 고문실이 있습니다. 그곳에서 우리는 과거의 필름을 수없이 되감으며, 다른 선택을 했다면 어땠을까, 내가 조금만 더 현명하고 강했더라면 어땠을까, 하며 스스로를 심문합니다. 고릴라 큰손이는 바로 이 고문실에 갇혀, '죄책감'이라는 이름의 간수에게 영혼을 잠식당하고 있었습니다.

죄책감은 사랑이라는 빛이 드리운 가장 짙은 그림자와 같습니다. 사랑이 깊을수록, 지켜 주지 못했다는 자책감의 그림자는 더욱 길어집니다. 이 그림자는 우리에게 속삭입니다. '네가 행복해지는 것은 남겨진 이들에 대한 배신이야'라고. 그래서 우리는 큰손이처럼 스스로를 침묵의 숲에 가두고, 웃음과 행복을 스스로에게서 박탈하는 형벌을 내립니다.

하지만 동화는 우리에게 묻습니다. 당신이 그토록 사랑했던 그 사람이, 정말 당신이 불행해지기를 바랄까요? 큰손이가 지켜 내지 못한 아내가, 정말 그가 남은 딸과 함께 살아가는 동안 고통받기를 원했을까요? 확실히 아닐 겁니다. 진정한 사랑은 결코 불행을 바라지 않기 때문입니다.

큰손이가 어둠을 이겨 낸 순간은, 더 강한 힘을 얻었을 때가 아니었습니다. "이건 내 잘못이 아니다. 나는 나를 용서한다." 바로 자신의 한계를 인정하고, 최선을 다했던 과거의 자신을 따뜻하게 받아주고 용서해 주었을 때, 그는 비로소 죄책감의 사슬을 풀고 굴레에서 벗어날 수 있었습니다.

그건 당신 잘못이 아닙니다. 스스로를 용서할 때, 당신의 사랑은 비로소 과거의 상처가 아닌, 미래를 밝히는 희망의 등불이 될 것입니다.

기린 하늘이와 두더지 두디

혹시 내 삶이 뜻대로 되지 않을 때, 자꾸만 남 탓, 세상 탓을 하고 있지는 않나요? "이것만 아니었으면…" 하고 원망의 대상을 찾고 있지는 않으신가요? 아니면 반대로, 모든 게 다 내 잘못인 것만 같아 "나는 왜 이럴까…." 하며 스스로를 어두운 동굴 속에 가두고 있나요?

오늘 이야기 속 기린 하늘이와 두더지 두디가 바로 우리 마음속 두 가지 모습이에요. 하늘이는 자신의 큰 키, 즉 바꿀 수 없는 조건을 비관하며 세상을 향해 불평해요. 문제의 원인을 밖에서만 찾는 거죠. 반면 두디는 자신의 연약함, 즉 바꿀 수 없는 한계를 탓하며 비난합니다.

이 두 친구 곁에는 블레임(Blame)이라는 빌런이 있었죠. 블레임은 속삭여요. "그래, 모두 다른 사람들이 잘못한 탓이야." '탓하기'는 문제 해결의 열쇠가 아니라, 우리를 무기력의 늪에 가두는 자물쇠일 뿐입니다.

그렇다면 어떻게 해야 할까요? 핵심은 내가 바꿀 수 없는 것과 '바꿀 수 있는 것을 구분하는 힘을 기르는 거예요. 기린의 긴 목과 두더지의 약한 시력은 바꿀 수 없는 부분이에요. 중요한 것은 내가 가진 부분이 무엇인지 불평하는 게 아니라, 내 손에 있는 부분을 어떻게 가꾸어 나갈 것인지에 대해 생각하고 집중하는 것입니다.

나를 수용할 때, 단점은 강점이 됩니다. 자신의 한계를 인정하고 수용했을 때, 비로소 그것이 누군가를 돕는 위대한 강점이 된 것이죠. 중요한 것은 탓하기를 멈추고 내가 가진 것을 어떻게 활용할지에 집중하는 용기입니다. 그것이 바로 [이해의 보석]과 [수용의 보석]을 얻고 내 삶의 주인이 되는 길이랍니다.

우리 삶에는 저마다 바꿀 수 없는 조건들이 있습니다. 기린의 긴 목처럼 타고난 신체적 조건일 수도 있고, 두더지의 어두운 땅속처럼 주어진 환경일 수도 있습니다. 이때 우리는 종종 두 가지 함정에 빠집니다. 세상을 향해 "왜 나에게만 이래!"라고 소리치거나, 자신을 향해 "나는 왜 이것밖에 안 될까?"라고 자책하는 것입니다.

변화는 언제 시작되었을까요? 그들이 탓하기를 멈추고 무엇을 할 수 있을까? 라는 질문으로 전환했을 때입니다. 하늘이는 '멀리 볼 수 있는 능력'을, 두디는 '안전한 길을 찾는 감각'을 사용하기 시작했습니다. 그들은 바꿀 수 없는 '조건'을 원망하는 대신, 자신이 가진 '자원'에 집중한 것입니다.

더 나아가, 그들은 서로의 자원을 연결했습니다. 기린의 '높이'와 두더지의 '섬세함'이 만났을 때, 혼자서는 결코 딸 수 없었던 협업이라는 기적을 만들어 냈습니다. 나의 약점이라 생각했던 것이, 다른 누군가와 협업하여 보완될 때 위대한 강점이 될 수 있음을 보여준 것이죠.

웃음 가면을 벗고 얻은 자유의 보석

"슬픈 모습을 보이면 사람들이 날 싫어할 거야.", "힘들다고 말하면 다들 나에게 실망할 거야." 이런 두려움 때문에, 속은 곪아 터지고 있으면서도 겉으로는 괜찮은 척, 밝은 척 '웃음 가면'을 써본 적이 있나요? 토끼 토순이를 옭아맨 판단의 그림자는 바로 타인의 시선과 평가에 대한 극심한 두려움입니다.

이 그림자는 우리에게 '긍정적인 감정은 좋은 것, 부정적인 감정은 나쁜 것'이라는 이분법적인 잣대를 들이밉니다. 그래서 우리는 슬픔, 불안, 외로움 같은 자연스러운 감정들을 '드러내서는 안 될 부끄러운 것'으로 여기고 가면 뒤에 꽁꽁 숨기게 되죠.

하지만 감정은 억누른다고 사라지지 않습니다. 가면 뒤에 숨겨진 감정들은 해소되지 못한 채 쌓여, 우리를 더욱 고립되고 외롭게 만듭니다. 그렇다면 이 무거운 가면을 어떻게 벗을 수 있을까요?

- 감정의 자연스러움 인정하기: 위즈덤은 "우리 마음도 날씨와 같아서, 늘 맑을 수만은 없다."고 말합니다. 슬픔이나 불안은 내가 나약하거나 잘못되어서 느끼는 것이 아니라, 맑은 날과 흐린 날이 있듯, 인간으로서 느끼는 자연스러운 감정의 일부임을 받아들이는 것이 첫걸음입니다.
- 안전한 사람에게 솔직해지기: 토순이는 혼자 힘으로 가면을 벗지 못했습니다. "우린 가면이 아니라, 그 뒤에 있는 진짜 토순이를 만나고 싶어."라는 친구들의 진심 어린 말과 안전한 지지가 있었기에 용기를 낼 수 있었습니다. 나의 약한 모습을 보여도 괜찮다고 믿을 수 있는 단 한 사람에게라도 솔직하게 마음을 털어놓는 경험은, '내 진짜 모습을 보여도 세상이 무너지지 않는구나'라는 사실을 깨닫게 해주는 중요한 치유의 과정입니다.
- 자기 모습을 '판단' 없이 바라보기: 가면을 벗은 토순이의 얼굴은 슬픔과 불안이 담긴 '진짜 얼굴'이었습니다. 중요한 것은 그 얼굴을 보며 '역시 난 초라해'라고 스스로 판단하지 않는 것입니다. 구조대 친구들이 그랬던 것처럼, "그래, 이게 바로 너구나. 참 소중하고 멋져."라고, 판단 없이 있는 그대로의 내 모습을 바라봐 주는 연습이 필요합니다.

언제나 강하고 밝아야 한다는 강박에서 벗어나, 나의 모든 감정을 소중히 여기고 솔직하게 드러낼 용기를 낼 때, 우리는 비로소 타인의 시선으로부터 자유로워지는 [자유의 보석]을 얻게 됩니다.

현대 사회는 우리에게 종종 '웃음 가면'을 강요합니다. SNS 프로필은 행복한 순간으로 가득해야 하고, 직장에서는 언제나 긍정적이고 활기찬 모습을 보여야 합니다. '늘 웃는 얼굴 마을'처럼, 우리는 슬픔과 불안을 드러내는 것을 미성숙하거나 나약한 태도로 여기는 분위기 속에서 살아갑니다.

그래서 우리는 토끼 토순이처럼 가면을 씁니다. 마음속에는 폭풍우가 몰아치고 있어도, 얼굴에는 화창한 미소를 그려 넣습니다. 이 가면은 타인과의 관계에서 잠시나마 안전함을 주지만, 그 대가는 혹독합니다. 가면이 두꺼워질수록, 가면 뒤의 진짜 '나'는 점점 더 외로워지고, 누구도 나를 진정으로 이해하지 못한다는 고립감에 빠지게 됩니다.

가면을 너무 오래 쓰면, 나 자신조차 내 진짜 마음이 어떤지 잊어버리게 된다는 것입니다. 내가 정말 무엇을 느끼는지, 무엇을 원하는지 알 수 없게 되는 것이죠.

토순이가 자유를 얻은 순간은 스스로의 의지로 가면을 벗었을 때였습니다. 그리고 친구들은 그의 진짜 얼굴을 보고 실망하거나 비난하지 않았습니다. 오히려 한 걸음 더 다가와, 그의 진솔한 모습을 따뜻하게 안아 주었습니다.

이것은 우리에게 중요한 용기를 줍니다. 여러분의 진짜 모습을 사랑해 줄 사람은 있다는 사실을요. 완벽해서 사랑받는 것이 아니라, 때로는 넘어지고 아파하는 그 불완전한 모습까지 포함한 여러분이기에 사랑받는 것입니다.

혹시 지금 여러분의 얼굴을 짓누르는 거짓된 웃음 가면이 너무

분노를 잘 조절하지 못하는 강아지,
왈왈이 이야기

내 안의 '화'를 안전하게 다루는 법

사소한 일에 불같이 화를 내고, 나중에 후회한 경험이 있나요? 또는 분노가 치밀어 올라 나도 모르게 소중한 사람에게 상처 주는 말을 내뱉고 자책한 적이 있나요? 오늘 우리가 만난 왈왈이는 바로 우리 안에 있는 조절되지 않는 분노를 품고 있었습니다.

사람들은 종종 분노를 '나쁜 감정'이라고 생각하고 억지로 참으려고 합니다. 하지만 분노는 그 자체로 문제가 아니라, 문제는 이 신호를 어떻게 잘 다루고, 해소하고, 표현하느냐에 있습니다.

분노라는 내 안의 화산을 안전하게 다루려면 어떻게 해야 할까요?

- 1차 감정 알아차리기(분노의 원인 찾기): 분노는 대부분 '2차 감

정'입니다. 그 아래에는 서운함, 억울함, 무시당했다는 느낌, 불안함, 슬픔 같은 1차 감정이 숨어 있습니다. 내가 왜 화가 났는지, 그 진짜 이유를 들여다보는 것이 첫걸음입니다.

- '생각의 틈' 만들기(타임아웃): 분노가 치밀어 오를 때, 우리는 즉각적으로 반응하기 쉽습니다. 이때 가장 중요한 것은 '자극'과 '반응' 사이에 아주 짧은 멈춤의 시간을 갖는 것입니다. 잠시 그 자리를 피하거나, 10부터 1까지 숫자를 거꾸로 세는 등의 행동은, 감정적인 뇌가 아닌 이성적인 뇌가 작동할 시간을 벌어줍니다.
- 건강하게 표현하기('나-전달법'): 분노를 폭발시키거나 억누르는 대신, 건강하게 표현하는 법을 배워야 합니다. "너 때문에 화나!"(너-전달법)라고 비난하는 대신, "나는 (상황) 때, (나의 감정)을 느껴. 왜냐하면 (나의 마음) 때문이야."(나-전달법) 방식으로 자신의 감정과 마음을 전달하는 것입니다.

분노는 없애야 할 적이 아니라, 잘 이해하고 다뤄야 할 내 안의 강력한 에너지입니다. 이 에너지를 파괴적으로 쓰지 않고, 나를 지키고 관계를 성장시키는 방향으로 사용할 때, 우리는 진정한 [평온함의 보석]을 얻게 됩니다.

오버마인드와 집착의 탑

내 안의 완벽주의를 쉬게 하는 법

"나는 반드시 최고여야 해.", "작은 실수 하나가 모든 걸 망가뜨릴 거야." 이런 목소리 때문에 잠시 쉬는 것조차 불안하고, 스스로를 끊임없이 채찍질하며 살고 있지는 않나요? 천재 마법사 오버마인드는 바로 우리 안에 있는 완벽주의의 상징입니다.

일을 해나감에 있어서 완벽주의가 필요한 부분이 있어요. 일을 해나가는 부분에 대해서가 완벽주의는 필요한 부분이 있지만, 부족한 부분에 대한 수용과 용납이 같이 필요합니다. 완벽주의의 영역이 부족함을 수용하는 마음보다 커지면 부족함이나 실수를 용납하지 못하고 마음을 괴롭게 만드는 메커니즘을 만들어 낼 수 있어요. 이러한 이유로 완벽주의로 인해 불만족이 누적되면, 장기적인 관점에서 마음이 힘들고 아프게 될 수도 있답니다. 인간은 모든 영역에서 완벽하기가 어렵기 때문에 부족한 부분에 대해서 용납할 수 있는 마음이 준비되어 있어야 합니다.

오버마인드는 1등이 아니면 자신의 존재 가치가 없다고 생각했습니다. 오버마인드가 1등과 최고에 집념에 사로잡혀서 잘못된 방법을 선택한 것처럼, 부족함을 수용하지 못하는 완벽주의는 자신을 번아웃과 불안감에 시달리게 만듭니다.

이 집착의 탑에서 내려오는 방법은 무엇일까요?

- '나'와 '나의 성과'를 분리하기: 왕별이는 "나는 왕관을 잃고서야 비로소 나를 찾았다."고 말했습니다. 이것은 나의 가치가 내가 이룬 성과에 있는 것이 아니라, 나 자신에게 있다는 것을 깨닫는 과정입니다.
- '무너짐'을 '새로운 시작'으로 재해석하기: 반디는 "무너져도 괜찮아! 그건 새로운 시작을 의미해!"라고 외칩니다. 완벽주의자에게 '무너짐'은 세상의 끝처럼 느껴집니다. 하지만 그것은 잘못 쌓아 올린 부분을 허물고, 더 단단하고 건강한 기반 위에서 다시 시작할 기회일 수 있습니다.
- 손을 놓는 용기: 때로는 목표를 향해 달려가다가, 내려놓고, 쉬고, 현실을 수용하는 용기가 더 필요할 때가 있습니다.

완벽해야 한다는 강박적인 집착을 내려놓고, 쉼과 나아감, 성공과 실패, 빛과 그림자 모두를 수용할 때, 우리는 비로소 흔들리지 않는 내면의 평화를 의미하는 [균형의 보석]을 얻게 될 것입니다.

카오스의 소멸

이야기의 마지막 여정은 우리 안의 약점과 두려움, 상처가 모여 있는 카오스의 암흑제국입니다. 암흑제국은 내가 그동안 외면하고 부정하고 싶었던 부정적인 마음의 총합입니다. 빌런들이 히어로 친구들을 공격하는 방식을 보세요. 그는 그들 안에 있는 가장 아픈 부분을 생각나게 만듭니다.

- 인정하기(Acknowledging): '그래, 내 안에 그런 모습이 있어'라고 솔직하게 인정하는 것이 해결의 첫걸음입니다.
- 재해석하기(Reframing): 튼튼이는 자신의 깨어진 달팽이 집을 '상처와 불안의 흔적'임과 동시에 '다시 회복되고 일어섰다는 증거'라고 생각합니다. 나의 약점이나 상처를 단지 부정적

인 것으로만 보는 것이 아니라, 그것이 회복된 이후에 나에게 어떤 의미와 성장을 가져다주었는지 새로운 관점으로 바라보는 것입니다.

- 통합하기(Integration): 이 모든 회복된 과정이 바로 '나'라고 온전히 이해하고 수용하고 용납하는 과정을 상징합니다.

회복된 행복왕국과
다시 찾은 마인드스톤

'상처 입은 치유자'의 탄생

길고 어두운 터널을 지나온 마음 히어로즈가 마주한 '회복된 행복왕국'은 과거의 순수하고 상처 없던 모습과 똑같지 않습니다. 새로 태어난 마인드스톤 안에는 히어로들이 겪었던 시련과 극복의 이야기가 새겨져 있습니다. 이것은 매우 중요한 사실을 우리에게 알려 줍니다. 진정한 회복은 과거로의 '완벽한 복귀(Restoration)'가 아니라, 상처를 회복하고 통합하여 더 아름답고 성숙한 상태로 나아가는 '성장(Growth)'이라는 것입니다.

이를 심리학에서는 '외상 후 성장(Post-Traumatic Growth)'이라고 부릅니다. 트라우마적인 상처 또는 사고(Trauma)를 겪은 후, 이전보다 타인에 대한 공감 능력이 커지고, 삶의 작은 것들에 감사하게 되며, 내면의 힘이 더 강해지는 긍정적인 변화를 경험하는 것이죠. 히어로들은 이제 각자의 아픔을 겪었기에, 다른 이의 아픔을 더 깊이 이해하고 도울 수 있는 상처 입은 치유자(Wounded Healer)로 거듭난 것입니다.

이 위대한 여정의 마지막 장에서 우리가 기억해야 할 마음 돌봄의 지혜는 다음과 같습니다.

- 행복은 과정이다: 위즈덤은 "행복은 한번 되찾았다고 영원히 머무는 것이 아니라, 매일 가꾸어야 하는 정원과 같다."고 말합니다. 행복을 인생의 최종 목적지로 생각하면, 작은 문제만 생겨도 '나는 실패했다'고 좌절하기 쉽습니다. 하지만 행복을 매일 나의 마음을 돌보는 '과정'으로 생각하면, 우리는 넘어지더라도 다시 일어나 정원을 가꿀 힘을 얻게 됩니다.
- 진정한 영웅은 상처가 없는 사람이 아니다: 이 이야기는 진정한 영웅은 '자신의 상처와 그림자를 기꺼이 마주하고, 그것을 극복하며 다시 한 걸음 나아가는 사람'이라고 정의합니다. 당신의 상처와 실패의 경험은 부끄러운 것이 아니라, 당신을 더 지혜롭고 공감 능력 있는 사람으로 만들어 준 '훈장'입니다.
- 우리는 모두 마음의 히어로다: 이 이야기의 마지막 선언은 우리 각자가 자신의 마음을 돌보고 지킬 책임과 힘을 가진 주체적인 존재임을 일깨워 줍니다.

당신이 겪은 모든 시련은 더 크고 아름다운 그릇으로 만들기 위한 과정이었습니다. 이제 당신의 상처 입은 손으로, 또 다른 상처 입은 누군가의 손을 잡아 줄 차례입니다.

내 안의 '마음 히어로즈 구조대'와 함께 여행하기

마음 히어로즈의 위대한 모험은 끝났지만, 우리의 마음속 행복왕국을 지키는 여정은 이제부터 시작입니다.

우리가 알아야 할 것은, 이제 우리 스스로가 우리 마음을 지키는 히어로가 되어야 한다는 것입니다.

이것이 바로 스스로의 마음 돌봄(Self-compassion)의 실천입니다. 나 자신을 비난하고 채찍질하는 대신, 내 안의 고통받는 아이를 알아차리고, 그 아이에게 가장 필요한 위로와 지혜를 건네는 것. 이 이야기는 결국 우리 스스로가 자신의 좋은 친구이자, 가장 지혜로운 상담가, 그리고 가장 용감한 영웅이 되는 법을 알려 주는 긴 여정이었습니다.

이제 바로 당신이 마음 히어로즈 구조대의 대장입니다

당신의 모험은 이제 시작입니다. 진짜 이야기는 책을 덮은 '우리'의 삶 속에서 이제 막 시작되는 것입니다.

우리는 동화 속 영웅들의 모험을 통해, 사실 그들이 싸웠던 모든 악당들(두려움, 절망, 죄책감, 비교, 조급함, 비난, 조롱 등)이 바로 우리 마음속에 살고 있다는 것을 깨달았습니다. 그리고 그들이 얻었던 빛나는 보석들(용기, 희망, 수용, 끈기, 자유, 이해, 수용, 용서 등) 역시 우리 안에 잠재된 힘이라는 것을 알게 되었죠.

이 동화는 우리에게 '지도'를 선물한 것과 같습니다. 마음이 길을 잃고 어두운 숲을 헤맬 때, 어디로 가야 할지 알려 주는 지도. 절망의 늪에 빠졌을 때, 어떤 히어로의 이야기를 통해 배워야 하는지, 안개 속에서 어떤 불빛을 따라가야 하는지 알려 주는 가이드입니다.

이제 우리는 더 이상 무력한 존재가 아닙니다. 내 안에 어떤 어둡고 부정적인 마음이 나타나든지 그 정체를 알아차릴 수 있게 되었고, 그에 맞서 어떤 보석(가치와 태도)을 사용해야 하는지도 배우게 되었습니다. 이것은 우리 삶에 중요한 '선택권'과 '주도권'을 가져다줍니다. 우리는 더 이상 부정적인 감정의 휩쓸리는 수동적인 사람이 아니라, 내 마음을 회복시키는 히어로 영웅이자 지휘관이 될 수 있습니다. 당신의 위대한 마음 회복의 모험을 응원합니다.

제5부

마음회복 돌봄 활동 워크북

제1장: 용기가 필요한 순간

우리 마음속에는 보석이 숨어 있습니다
(마음의 중심, '마인드스톤'을 찾아서)

혹시 이런 경험을 해보신 적 있나요? 누군가의 말 한마디에 마음이 갑자기 무너져 눈물이 솟구치는 순간, 평소엔 잘 버티던 우리가 어떤 일 앞에서는 "나는 왜 늘 이럴까."라며 스스로를 탓하며 방 안으로 숨어 버리는 순간.

그럴 때, 많은 분들이 '내가 너무 예민한 걸까? 뭔가 잘못된 걸까?' 하고 자책합니다.

하지만 괜찮습니다. 그 순간은 **여러분 마음이 흔들리고 있다고 도움을 요청하는 신호**입니다.

모든 사람 마음속의 보석, 마인드스톤

저는 이 마음의 중심을 **마인드스톤**(Mind Stone)이라고 부르고 싶습니다.

마인드스톤은 누구나 태어날 때부터 가지고 있는 심리적 구심점, 건강한 자아의 핵심입니다.

마인드스톤이 환하게 빛날 때, 우리는 기쁨을 온전히 누리고, 슬픔 앞에서도 쉽게 무너지지 않으며, 실패를 경험해도 다시 일어설 힘을 얻습니다.

즉, 마인드스톤은 **여러분 안에 숨어 있는 회복력의 원천**을 비유적으로 의미합니다.

심리학에서는 이것을 **통합된 자아**(Integrated Self)고 부릅니다. 기쁨, 분노, 두려움, 슬픔 같은 감정의 파편들이 흩어지지 않고, 마인드스톤을 중심으로 조화롭게 모일 때 우리는 안정된 내면의 세계를 살아가게 됩니다.

마음의 지진: 마인드스톤이 깨어질 때

하지만 우리의 일상은 언제나 평화롭지는 않습니다. 가족관계, 친구관계, 이성친구, 학업에서의 좌절, 일터에서의 좌절, 기대에 미치지 못한 성과… 여러 가지 문제가 생기면 마음속 행복왕국에 작은 지진처럼 다가옵니다.

그 스트레스와 데미지가 누적되고 쌓이면 단단하던 마인드스톤에도 금이 가기 시작합니다. 그때 우리는 신호를 보냅니다. 갑작스러운 짜증, 이유 없는 무기력, 작은 일에도 터져 나오는 눈물, 혹은 스스로를 몰아붙이는 모습. 이것은 '문제'가 아니라 **빛을 잃어가는 마인드스톤이 보내는 구조 요청**입니다. "내 마음의 중심이 흔들려. 나를 좀 돌봐 줘." 하고 내면이 우리에게 외치고 있는 것입니다.

공감의 마법: 우리를 살리는 한마디

그렇다면 어떻게 이 보석의 빛을 회복시킬 수 있을까요?

먼저 **스스로의 감정을 인정하고 공감하는 것**에서부터 시작됩니다.

- "그래, 나는 지금 정말 속상해."
- "이 상황이 무서웠구나. 그래서 마음이 위축된 거야."
- "내가 느끼는 이 감정은 잘못된 게 아니야. 충분히 그럴 수 있어."

이 말들은 단순한 위로가 아니라, 내 마음의 언어를 들어 주고 인정해 주는 행위입니다. 그렇게 할 때 흩어진 감정의 조각들이 다시 마인드스톤 중심으로 모이며, 우리는 힘을 되찾을 수 있습니다.

이야기라는 지도, 회복이라는 모험

이 책에 담긴 이야기는 **여러분 마음속에서 벌어지는 통합의 과정**을 상징적으로 보여 줍니다.

주인공들이 어둠의 세력과 싸우며 두려움과 절망을 경험하고 이겨 내는 모습은, 우리가 일상에서 마주하는 불안과 상처의 그림자와 닮아 있습니다. 그러나 그 여정을 통해 발견하는 용기, 지혜, 사랑은 곧 여러분 안에도 이미 존재하는 중요한 자원입니다. 책 속 이야기는 **여러분이 자기 마음을 회복하는 연습**입니다. 그리고 여러분 내면의 보석을 찾는 지도이자, 마음 치유의 과정이 될 것입니다.

여러분이 겪는 혼란과 불안은 **더 단단해지기 위한 성장의 과정**입니다. 여러분 마음속에는 어떤 어려움도 견뎌 낼 눈부신 보석, 마인드스톤이 이미 존재합니다.

스토리 핵심 메시지

이 이야기에 나오는 **마인드스톤과 행복왕국**은 아이 마음속에 있는 힘과 회복력을 상징합니다. 반대로 **카오스와 어둠의 군단**은 아이들이 겪는 불안, 분노, 왜곡된 생각을 의인화한 모습이에요.

또한 **해피니스 왕이 쓰러지고 위즈덤이 출발하는 장면**은, 위기 속에서도 회복을 향해 첫걸음을 내딛는 아이의 용기를 표현한 것입니다.

아이들은 이 이야기를 흥미로운 판타지 모험처럼 즐기지만, 그 안에는 마음의 상처 · 불안 · 우울을 다루는 따뜻한 은유가 담겨 있습니다.

활동 원리(CBT 기반)

첫째, **마음속 왕국 만들기** 활동은 아이가 자기 마음 안에 안전한 공간을 떠올리도록 돕습니다. 이는 상담에서 쓰이는 '안정화 기법'과 유사하여 불안을 가라앉히는 데 효과적입니다.

둘째, **어둠의 군단 마주하기**는 아이가 느끼는 부정적 감정을 외부 캐릭터로 표현하는 방법입니다. 감정을 의인화하면 무섭고 힘든 감정을 객관적으로 바라볼 수 있어 훨씬 다루기 쉬워집니다.

셋째, **마음보석 찾기**는 아이가 과거 경험 속에서 용기 · 희망 · 사랑 같은 긍정적 자원을 발견하도록 돕습니다. 이는 인지행동치료(CBT)에서 말하는 '생각을 다시 보는 훈련(재구조화)'과 비슷하며, "나는 할 수 있다."는 자기 믿음을 키워 줍니다.

부모 · 교사 · 상담사를 위한 활용 팁

- **함께 읽기**: 이야기를 읽고 나서 아이에게 "왕별이는 왜 안경을 썼을까?", "너도 그런 기분이 들 때가 있니?" 하고 물어보세요. 이렇게 하면 아이가 안전하게 마음을 털어놓을 수 있습니다.
- 활동 연결: 활동지를 활용해 그림이나 글로 감정을 표현하도록 해주세요. 감정을 눈에 보이게 만들면 객관화하기가 쉬워집니다.
- **공감하기**: 아이가 어떤 마음을 말할 때 정답을 제시하기보다는 "그랬구나.", "네 마음이 그렇구나."라고 공감해 주세요. 이는 아이가 스스로 답을 찾는 힘을 기르게 합니다.
- **일상 적용**: 힘든 순간에 "혹시 지금 네 마음속에 어둠의 군단이 있니?", "우리 마음보석을 떠올려 볼까?"라고 이야기해 보아요. 책 속 개념이 아이의 일상에 연결되며 실제 삶에서 살아납니다.

제2장:
절망의 안경을 벗고

혹시 이런 경험을 해보신 적 있나요?

큰 상실이나 아픔을 겪은 후, 주변의 웃음소리가 오히려 더 서럽게 가슴을 아프게 느껴지는 순간 말입니다.

그럴 때 우리는 종종 스스로를 탓합니다. "왜 나에게만 이런 일이 있는 걸까…", "나는 왜 이렇게 나약할까?", "이 정도도 못 이겨 내는 걸까?"

우리 안의 절망, 데스페어

저는 이 고통의 목소리를 **데스페어**(Despair)라고 부르고 싶습니다.

데스페어는 그림자처럼 다가와 귀에 속삭입니다.

"넌 혼자야."

"넌 이제 끝났어."

"아무도 널 이해하지 않아."

왕별이가 아버지를 잃고 절망의 선글라스를 쓴 것처럼, 우리도 커다란 상실 앞에서 세상을 차단합니다.

절망의 선글라스는 세상의 모든 소리를, 모든 빛을 슬픔으로 바꿔 버립니다.

마음의 지진: 슬픔을 견디지 못할 때

큰 아픔이 찾아오면, 우리는 종종 두 가지 반응을 보입니다.

하나는 회피, 다른 하나는 자기비난입니다.

"이제는 괜찮아야 하는데 왜 나는 아직도 슬플까?"

"나는 왜 이렇게 나약할까?"

하지만 여러분, 오래도록 슬퍼한다고 잘못된 것이 아닙니다. 오히려 그것은 **사랑을 깊이 경험한 사람에게 자연스럽게 찾아오는 과정**입니다.

검은 선글라스를 억지로 벗으려 할수록 눈이 더 아프듯, 슬픔을 억누르고 다그칠수록 마음은 더 지칩니다. 그러므로 사랑하는 사람이나 사랑하는 무언가를 상실하거나 잃어버렸을 때, 충분히 슬퍼하고 애도할 시간을 가지는 것은 당연히 필요한 일입니다.

공감의 마법: 감정을 허락하는 한마디

회복의 시작은 억누르는 것이 아니라, **감정을 인정하고 허락하는 것**입니다.

"정말 많이 힘들었겠구나…."

"충분히 슬퍼해도 괜찮아."

"누구나 소중한 것을 잃으면 이렇게 아플 수 있어."

이 말들은 여러분의 마음을 따뜻하게 감싸 주는 **자기수용과 용납의 언어**입니다.

그 순간 우리는 깨닫습니다. 슬픔은 나쁜 감정이 아니라, **사랑했기 때문에, 소중히 여겼기 때문에 생겨나는 인간다운 반응**이라는 것을 말이에요.

이야기라는 지도, 치유라는 모험

왕별이가 결국 검은 선글라스를 벗고 세상을 다시 바라보게 되는 장면은, 곧 우리의 회복 과정을 은유합니다.

"슬픔만이 전부가 아니다."라는 사실을 알아차리는 순간, 세상은 다시 다양한 소리를 들려주고 빛을 보여 줍니다.

히어로즈 친구들이 빌런들의 속삭임을 넘어 자기 안의 지혜와 용기를 발견하는 여정은, 우리 마음이 슬픔을 극복하고 회복으로 나아가는 길을 의미합니다.

이 장의 핵심 메시지

- 여러분이 겪는 슬픔과 회피 반응은 문제가 아니라, 자연스러

운 반응입니다.

- 억누르지 말고, "나는 충분히 슬퍼할 수 있다."라고 허락하는 것이 치유의 첫걸음입니다.

제3장:
견고함의 보석으로 치유된 달팽이의 집

해설: 우리 마음은 상처를 극복한 이후에 더 견고해질 수 있습니다.

혹시 이런 경험을 해보신 적 있나요? 큰 충격이나 사고를 겪은 뒤, 이전에는 당연했던 안전감이 한순간에 무너져 버린 순간. "나는 이제 결코 안전하지 않아.", "언제든 다시 무너질 것만 같아."

그 기억이 계속 반복적으로 재생되며, 작은 자극에도 겁을 먹고 숨어 버릴 때, 우리는 스스로를 나약하다고 비난하고 탓하기 쉽습니다. 하지만 그것은 약함이 아니라 **트라우마가 남긴 상처의 흔적**입니다. 중요한 건 상처가 끝이 아니라는 사실입니다. 회복 이후, 상처는 더 단단한 힘으로 이어질 수 있습니다.

트라우마의 동굴(안전함에 대한 신뢰가 무너질 때)

달팽이 튼튼이는 사고로 인해 소중한 집이 깨어지면서 큰 상처를 입었습니다.

그 집은 튼튼이에게 있어서 단순한 달팽이 껍데기가 아니라, 세상을 견디게 해주는 안전함의 상징이었지요.

그 집이 깨진 순간, **마음속 믿음과 안정감도 함께 무너졌습니다.**

이처럼 트라우마는 사건이 끝난 후에도 반복적으로 기억됩니다.

회복의 첫걸음 - 조급함이 아닌 기다림

왕별이는 당장 달려가 돕고 싶었지만, 와이즈는 말했습니다.

"조급하면 안 돼. 상처 입은 마음은 더 조심히 다뤄야 해."

이 장면은 중요한 메시지를 담습니다.

트라우마는 "빨리 이겨 내야 해."라는 다그침으로는 회복되지 않습니다.

필요한 건 **안전하게 기다려 주고, 공감으로 곁을 지켜 주는 태도**입니다.

킨츠기의 지혜 - 상처를 금빛으로 복원하여 회복하다

위즈덤은 '킨츠기 도자기 예술'을 보여 줍니다. 깨진 틈새를 금으로 이어 붙여 오히려 더 아름답게 만드는 예술이지요.

이것은 치유의 본질을 상징합니다. 상처가 흔적 없이 사라지지는 않지만, **깨진 틈을 용기와 희망으로 메우며, 부족한 부분을 보충하**

고 보완해서, 이전보다 더 단단하고 견고하고 아름다운 자신으로 회복하는 것입니다.

튼튼이의 집이 금빛 무늬로 빛나며 다시 단단해진 것처럼, 우리의 상처도 금빛 무늬로 회복될 수 있습니다.

작은 용기 – 어둠을 뚫고 나오는 힘

트라우마를 극복하려면 한 번에 모든 것을 바꾸려 하지 않아도 괜찮습니다. **작은 한 걸음, 작은 안전의 경험**이 모여 마음은 다시 빛을 찾습니다.

튼튼이가 결국 두려움 속에서 한 발, 또 한 발 내디딘 순간, 동굴을 메우던 어둠과 빅쇼크 골렘의 목소리는 힘을 잃고 흩어졌습니다. 그 자리에는 빛나는 **견고함의 보석**이 있었습니다.

이 장의 핵심 메시지

- 트라우마는 사건이 끝난 후에도 우리 마음속에서 반복 재생되는 경험입니다.
- 회복은 "빨리 괜찮아져야 해."라는 조급함이 아니라, **공감과 안전한 기다림**에서 시작됩니다.
- 치유는 상처를 지우는 것이 아니라, **상처를 황금빛 무늬로 채우고 회복해 가는 과정**입니다.
- 작은 한 걸음의 용기가 어둠을 이기는 힘이 됩니다.

워크북: 나의 마음의 킨츠기

활동 목표

나를 힘들게 했던 기억을 생각해 봅니다. 불안할 때 현재의 안전한 순간에 집중하는 방법을 배웁니다.

상처를 통해 내가 성장한 점을 발견하고 자존감을 높입니다.

활동 1: 내 마음 골렘 그리기

- 내 마음을 괴롭히는 상처 또는 사건에 대한 힘들었던 과거의 기억을 글로 적어 보세요.

활동 2: 나의 안전한 마음 찾기

- 그 상처들로 인해서 내가 회복되고 성장한 부분을 글로 적어 보세요.

  (예: "나는 마음이 더 강해졌어.", "친구의 마음을 이해하게 됐어.")

학부모님 안내

아이가 이야기를 읽고 튼튼이의 트라우마에 공감한다면, "너도 튼튼이처럼 힘들었던 일이나, 두려운 마음이 드는 순간이 있니?" 하고 조심스럽게 물어봐 주세요.

활동지에서 그린 골렘은 아이 마음의 걱정입니다. 무조건 없애야 하는 게 아니라 "그렇게 느끼고 있었구나." 하고 알아차리는 것이 중요합니다. 아이가 적어낸 메시지를 함께 읽고, "네가 이렇게 성장했구나, 멋지다." 하고 칭찬해 주세요.

학부모 · 선생님 · 상담사를 위한 설명

- 스토리 해설
  - 빅쇼크 골렘: 사고에 대한 두려움이 증폭되는 재경험(PTSD)의 상징입니다. '쿵쿵' 소리는 불안이 확대되는 과정을 의미합니다.
  - 한 걸음씩: 불안할 때 현재의 안전한 자극에 집중하는 그라운딩(grounding) 기법을 의미합니다(마음 안정화 기술).
  - 항아리와 금빛 무늬: 깨진 상처를 숨기지 않고, 새로운 의미와 아름다움으로 재구성하는 외상 후 성장(PTG)을 의미합니다.

활동 원리(CBT 연결)

- 골렘 그리기: 부정적 기억을 외부화 → 인지적 거리 두기 효과
- 나만의 안전한 장소 찾기: 현재의 감각에 집중 → 불안 완화, 현실 감각 회복
- 황금빛으로 회복된 도자기: 상처에서 배운 점 기록 → 인지 재구조화 + 자기효능감 강화

활용 팁

- 아이의 글이나 그린 그림을 평가하기보다는 "이건 어떤 의미일까?" 하고 물으며 공감하는 마음으로 들어 주세요.
- 활동 후 아이의 생각을 함께 기록하면, 아이가 자신의 성장을 눈으로 확인할 수 있습니다.

주의 사항

아이가 특정 기억(사고, 상처)을 반복적으로 떠올리며 심한 불안을 보일 경우, 전문 상담사나 치료사의 도움을 요청해야 합니다.

제4장:
나만의 노래 다시 부르기

활동 목표

- 절망(부정적인 생각)의 목소리 인식하기
- 작은 행동으로 첫걸음을 내딛는 경험하기
- "불완전해도 괜찮다."는 희망 회복하기

활동 1: 내 마음속 '덮어둔 건반' 찾기

구구가 팔을 다친 이후에 피아노 연주를 두려워하며 멀리했듯이, 여러분도 마음속에 **꺼내지 못한 소중한 꿈이나 즐거움**이 있지 않나요?

- 나는 어떤 꿈/취미/즐거움을 포기했었나요?

- 그걸 다시 꺼내기 어려운 이유는 무엇일까요?

- 내 마음속 절망(프러스트레이션)은 뭐라고 속삭이나요?

활동 2: 건반 하나 눌러보기

구구가 용기를 내어 **건반 하나를 다시 눌러 본 것**처럼, 여러분도 다시 시도할 수 있는 가장 작은 용기와 실천이 무엇인지 글로 적어 보세요.

- 내가 지금 할 수 있는 가장 작은 시작은?

희망의 선언

"내 상처는 끝이 아니야. 그저 소중한 나의 일부일 뿐. 나는 불완전해도 괜찮아. 바로 지금 여기에서, 나는 다시 나만의 노래를 시작할 거야."

학부모 안내

- 아이가 "다시는 못할 거야."라고 말할 때,

"그렇게 느낄 수 있구나."라고 공감해 주세요.

- 아이가 적은 '작은 시작'을 진심으로 칭찬해 주세요.

결과보다 시도와 노력, 과정이 소중합니다.

- "완벽해야 한다."는 부담감과 중압감 대신, 불완전해도 괜찮다는 것을 알려 줄 때 희망의 보석이 살아납니다.

교사 · 상담사 해설

- 스토리 해설
  - 프러스트레이션: "넌 완전히 망했어."라는 부정적 자동사고와 자기부정의 목소리
  - 포기한 피아노 연주: 두려움에 회피한 꿈, 묻어 둔 자아
  - 희망의 보석: 불완전한 시작 속에서도 다시 살아나는 희망
- 활동 원리
  - 절망의 속삭임 인식 → 자동사고 외부화
  - 건반 하나 누르기 → 행동 활성화(작은 실천이 곧 회복력)
  - 희망 선언 → 자기수용 + 자기 긍정 강화
- 지도 시 유의점
  - 아이가 실천하기 어려운 너무 큰 목표를 세우지 않도록 지도합니다.
  - 작은 성공 경험을 반복하며 자기효능감을 쌓게 하는 것이 필요합니다.
  - 우울 · 무기력 증상이 관찰되면 전문 상담을 받아야 합니다.

핵심 메시지

- 자기 돌봄은 "나는 힘들지만 괜찮아, 나는 성장 중이야."라는 자기수용의 태도.
- 공감 · 위로 · 이해 · 경청, 그리고 자기 용납의 선언은 자기 연민을 극복하는 길.
- 작은 시도, 자기 돌봄은 내 마음을 회복시키는 강력한 희망의 보석입니다.

제5장:
나의 마음 캔버스

우리 마음은 "다르면 실패다."라는 두려움에 갇히곤 합니다.

혹시 이런 경험 있으신가요? 내가 좋아하는 방식, 나만의 색깔을 보여 주고 싶었지만, '사람들이 비웃으면 어쩌지?', '남들과 다르면 인정받지 못하지 않을까?' 이런 생각 때문에 시도조차 못 해본 순간 말이에요. 하지만 괜찮습니다. **다름은 실패가 아니라 가능성**입니다. 비웃음을 견디고, 멈추지 않고 다시 그리는 힘이야말로 우리 마음속에 숨어 있는 '창의력의 보석'입니다.

활동 목표

- '비난(크리틱스)'의 목소리를 분리해 인식하기
- 자기표현을 통해 마음의 억압 해방하기

- 창의적 자존감을 강화하기

활동 1: 크리틱스의 말풍선

아트펀트가 캔버스 앞에서 들었던 크리틱스와 리디큘의 말처럼, 여러분도 무언가를 표현하려 할 때 속삭이는 비난이나 조롱의 목소리가 있지 않나요?

- 내 안의 크리틱스가 뭐라고 말하나요?

(예: "네가 그렇게 하면 다 틀린 거야.", "사람들이 널 웃을 거야.")

활동 2: 자유 낙서 · 색칠하기

여러분도 흰 종이에 여러분이 그리고 싶은 그림을 자유롭게 그리고 색칠해 보세요. 잘 그리고 못 그리고는 중요하지 않아요. 자유롭게 "이것이 나의 마음의 모습이고 색이다." 하고 표현해 보아요.

학부모 안내

- 아이가 "못 하겠어."라고 말할 때, "잘 그리려고 하는 게 아니야. 자유롭게 표현해도 돼."라고 말해 주세요.
- 아이의 그림이나 낙서를 평가하지 말고, "이건 네 자유로운 마음이구나." 하고 존중해 주세요.

교사 · 상담사 해설

- 스토리 해설
  - 크리틱스: 내적 비난 · 비교 불안의 상징
  - 캔버스: 자기표현의 장(창의성, 자아 발현)
  - 창조의 보석: 자기표현의 자유와 창의적 자존감 회복
- 활동 원리
  - 부정적 내적, 외적 목소리 분리 → 자동사고 인식
  - 자유 그림/색칠 → 표현의 해방감, 창의적 몰입 경험
- 지도 시 유의점
  - 창의적 심리를 위해 처음에는 아동의 표현을 인정하고 칭찬해 주세요.
  - 완성된 결과보다 표현 과정 자체를 인정하고 칭찬해 주세요.
  - 표현을 주저하는 아동에게는 작은 긍정 강화: "네가 잘 표현했구나, 정말 잘했어. 야."

제6장:
나를 탓하지 않고, 다시 시작하기

활동 목표

- 내 안의 자기연민 목소리를 인식하기
- 자기연민을 자기수용으로 전환하는 경험하기
- 작은 행동과 자기 다짐으로 회복의 습관 만들기

활동 1: 자기연민의 말

- 내 마음속 **그레이**(**자기연민의 안개**)는 어떤 말을 속삭이나요?

  (예: "나는 늘 뒤처지는 것 같아.", "나만 못났어.", "나는 아무 쓸모 없어.")

활동 2: 자기수용의 말풍선

- 긍정적으로 나를 수용하고 용납하는 문장을 적어 보세요.

  (예: “나만 그런 게 아니야.”, “괜찮아.”, “앞으로 더 잘될 거야.”)

학부모 안내

- 아이가 “나는 못났어.”라고 말할 때, “아니야, 너는 잘하고 있어!”, “그렇게 느낄 수도 있겠구나. 하지만 넌 정말 소중한 사람이야.”라고 공감해 주세요.
- 작은 노력 자체를 결과보다 크게 칭찬해 주세요.

교사 · 상담사 해설

- 스토리 해설
  - 자기연민: “왜 나만 이럴까, 나는 못났어.”라는 자기비난의 목소리
  - 활력의 신발: 행동이 마음을 바꾸는 힘, 자기효능감 회복
- 활동 원리
  - 자기연민 목소리 인식 → 자동사고 외부화
  - 자기수용 대답 쓰기 → 자기연민 극복 경험
  - 작은 행동 실행 → 행동 활성화로 자기효능감 강화
- 지도 시 유의점
  - “빨리 괜찮아져야 해.”라는 압박은 금물
  - 작은 성공 경험을 칭찬하고 인정해 주기
  - 자기비난이 심하고 장기화될 경우 전문 상담 연계를 권장

제7장:
마음 회복 활동

마음 회복 활동: 나의 시간을 가꾸는 법

기다림은 뒤처지는 것이 아니라, 나를 완성하는 힘입니다.

혹시 이런 마음이 든 적 없으신가요?

- 다른 사람의 성공 소식에 '나만 뒤처지는 건 아닐까' 불안해질 때
- "빨리, 빨리!"를 외치며 나도 모르게 조급함을 강요하고 있을 때

'속도'가 미덕이 된 세상 속에서, 우리는 기다림을 '정체'나 '실패'로 오해하곤 합니다. 벤디의 이야기는 바로 이 조급함이라는 시대의 빌런에 맞서, 기다림이 가진 위대한 가치를 알려 주는 지혜로운 이야기입니다.

이야기 속 심리 상징

- **기다림의 정원**: 모든 것이 각자의 속도에 맞춰 성장하는 자연의 섭리를 상징합니다. '빨리'가 아니라 '자신만의 속도'가 중요함을 보여 주는 공간입니다.
- **번데기**: 겉으로는 멈춰 있는 것처럼 보이지만, 안에서는 가장 역동적인 변화가 일어나는 '성장의 인큐베이터'입니다. 벤디의 대사처럼, 번데기는 감옥이 아니라 **내 안의 무지개 공장**인 셈이죠.
- **헤이스트(조급함)**: 타인과의 비교, 결과 중심주의, 과정에 대한 불신 등 우리 내면의 불안과 사회적 압박을 상징하는 빌런입니다.
- **아름다운 기다림, 인내심의 보석**: 자신의 속도를 믿고 과정을 견뎌 냈을 때 얻게 되는 내적 성숙, 지혜, 그리고 자기 신뢰를 상징합니다.

활동 원리

- **기다림의 정원 그리기(가치 발견)**: 아이가 현재 자신의 삶에서 중요하게 여기고, 시간을 들여 이루고 싶은 가치(성장, 배움, 관계 등)가 무엇인지 탐색하도록 돕습니다.
- **헤이스트 마주하기(탈융합)**: '조급함'이라는 감정을 '헤이스트'라는 캐릭터로 외부화하여, 아이가 불안한 생각과 자신을 분리해서 바라보도록 돕습니다. '나는 조급한 아이'가 아니라, '내 마음에 조급함이 찾아왔구나'라고 인식하게 하는 기

법입니다.

- **기다림, 인내심의 보석 찾기**(**전념 행동**): 과거의 성공 경험을 통해 기다림의 긍정적 결과를 상기시키고, 현재의 어려움을 견뎌 낼 힘(자기 신뢰)을 강화합니다. 가치를 향해 꾸준히 나아가는 '전념 행동'의 중요성을 깨닫게 합니다.

부모 · 교사 · 상담사를 위한 활용 팁

- **공감하기**: 아이가 "빨리 안 돼서 속상해."라고 말할 때, "참는 법을 배워야지."라고 하기보다 **"기다리는 게 정말 힘들구나. 빨리 날고 싶은 벤디의 마음 같겠다."**라고 공감해 주세요.
- **과정 칭찬하기**: 결과보다 과정을 구체적으로 칭찬해 주세요. "매일 꾸준히 연습하는 모습이 정말 멋지다. 네 날개가 점점 단단해지는 것 같아."라고 말해 주는 것이 아이의 내적 동기를 성장시킵니다.
- **기다림의 즐거움 경험하기**: 아이와 함께 콩나물이나 방울토마토를 키워 보거나, 긴 호흡으로 완성해야 하는 레고나 퍼즐 맞추기를 해보는 등, 기다림의 과정을 즐거움으로 전환하는 실제 경험을 선물해 주세요.
- **이야기 언어 사용하기**: 아이가 조급해할 때, **"혹시 지금 헤이스트가 찾아왔니?", "우리 벤디처럼, 네 안의 무지개 공장을 믿어 보자."**라고 이야기해 보아요. 책 속 개념이 아이의 일상에 연결되며 살아 있는 지혜가 됩니다.

핵심 메시지

벤디의 이야기는 우리 모두에게 교훈을 전합니다. 인생에서 충분한 기다림 속에서 아름다운 결과가 피어난다고 말이죠. 우리 아이들이 세상의 속도에 불안해하기보다, 자기 안의 '무지개 공장'을 믿으며 자신만의 속도로 날아오를 수 있도록, 가장 든든한 친구가 되어 주세요.

워크북

활동 1: 나만의 기다림의 정원

벤디가 머물렀던 '기다림의 정원'처럼, 우리 마음속에도 무언가를 소중히 키우며 기다리는 공간이 있어요. 그곳에서 우리는 천천히, 하지만 단단하게 성장한답니다.

질문

- 지금 내가 간절히 기다리고 있는 것은 무엇인가요?
- 그것을 기다리는 동안, 내 마음의 번데기 속에서는 어떤 멋진 일이 일어나고 있을까요? (예: 실력이 늘고 있어요, 마음이 자라고 있어요)

활동

내가 무언가를 소중하게 키우고 있는 '나만의 기다림의 정원'을 그림이나 글로 표현해 보아요.

활동 2: 내 마음의 조급한 마음, 헤이스트

우리가 무언가를 기다릴 때, 마음속에서는 "빨리, 빨리!"라고 외치는 조급한 마음인 '헤이스트'가 나타나 우리를 불안하게 만들어요.

질문

- 나는 주로 언제 조급한 마음이 드나요?
- 그때 내 마음속 '헤이스트'는 뭐라고 속삭이나요? (예: "너만 뒤처지고 있어!", "이러다 영원히 안 될 거야!", "다른 애들은 벌써 다 했어!")

활동

내 마음을 괴롭히는 조급함의 빌런 '헤이스트'를 그림이나 글로 자유롭게 표현해 보세요.

활동 3: 아름다운 기다림, 인내심의 보석

기다림은 우리에게 특별한 선물을 줍니다. 조급함을 이겨 내고 나만의 속도를 믿을 때, 내 안에서는 세상에 단 하나뿐인 보석이 빛나기 시작해요.

질문

- 오래 기다리거나 노력해서 무언가를 이뤄냈던 좋은 기억이 있나요?
- 기다리는 시간 동안 나는 무엇을 배우고, 어떤 점이 더 좋아졌나요?

활동

나를 성장시켜 줄 아름다운 기다림, 인내심의 보석을 그리고, 그 안에 '나만의 속도를 믿자'와 같은 다짐을 적어 보세요.

마무리 생각

- 오늘 내가 발견한 '기다림의 시간'에는 무엇이 자라고 있었나요?
- 다음에 급하게 서두르는 마음 '헤이스트'가 찾아오면 뭐라고 말해 주고 싶나요?

제8장:
해설 및 심리 가이드

비교의 감옥에서 벗어나서 진정한 나를 만나는 법

혹시 이런 경험이 있으신가요? SNS에서 반짝이는 다른 사람의 일상을 보며 내 삶이 초라하게 느껴지는 순간. 직장 동료의 성공에 축하를 보내면서도 남몰래 '나는 왜 저렇게 못 할까' 자책하는 순간.

'비교'는 우리를 가장 쉽게 불행하게 만드는 마음의 감옥입니다. 티티의 이야기는 바로 이 비교의 감옥을 부수고, 상처받은 내면을 보듬어 '자기수용'이라는 진정한 자유를 찾아가는 회복의 여정입니다.

이야기 속 심리 상징

- **비교하는 마을**: 타인의 시선과 사회적 기준에 맞춰 끊임없이 자신을 검열하고 평가하는 현대 사회의 모습을 상징합니다. 겉은 화려하지만, 내면은 차갑게 고립된 공간입니다.
- **컴페리즌(비교)**: 우리의 자존감을 갉아먹는 '내면의 비판가(Inner Critic)'를 의인화한 빌런입니다. 이 비판의 목소리는 타인과의 비교를 통해 우리를 무가치하게 느끼도록 만듭니다.
- **거울 속 우는 아이**: 이야기의 핵심적인 상징입니다. 우리를 괴롭히는 비판의 목소리(컴페리즌)의 진짜 정체는, **사실 사랑받지 못할까 봐 두려워하는 상처 입은 내면 아이**(Wounded Inner Child)라는 깊은 통찰을 보여 줍니다.
- **존중의 보석과 존중의 거울**: 외부의 기준(비교)이 아닌, 내면의 기준(자기수용)으로 스스로를 바라볼 때 얻게 되는 진정한 자유와 자존감을 상징합니다.

활동 원리(내면 아이 치유 & 자기 자비 기반)

- **'있는 그대로의 나' 그리기**: 자신의 장점, 단점, 고유성을 탐색하며 '자기 개념'을 긍정적으로 확립하는 활동입니다. 위즈덤의 조약돌처럼, 불완전함이 곧 특별함이라는 메시지를 내면화하도록 돕습니다.
- **'컴페리즌' 마주하기**: 내 안의 비판적인 목소리를 '컴페리즌'이라는 빌런으로 **외부화**(Externalization)하여, 문제와 나 자신을 분리하도록 돕습니다. '내가 못난 것'이 아니라, '내 안

에 비판의 목소리가 있는 것'으로 인식을 전환시켜 줍니다.

- **'내 안의 작은 아이' 안아 주기**: 이 활동은 **내면 아이 치유**의 핵심 원리를 담고 있습니다. 비판의 목소리 뒤에 숨은 두려움과 슬픔을 알아차리고, 현재의 내가 과거의 상처 입은 나를 따뜻하게 위로하고 안아 주는(Reparenting) 과정을 통해 깊은 수준의 자기수용과 통합을 경험하게 합니다.

부모 · 교사 · 상담사를 위한 활용 팁

- **비교의 언어 멈추기**: 아이 앞에서 다른 아이와 비교하는 말("동생 반만 닮아 봐.")을 무심코 사용하지 않도록 주의해야 합니다. 이는 아이 마음에 '컴페리즌'을 심어 주는 것과 같습니다.
- **과정과 존재 칭찬하기**: "1등 해서 멋지다."와 같은 결과 중심의 칭찬보다, **"결과가 어떻든, 노력하는 너의 모습 자체가 정말 소중하고 멋져."**와 같이 과정과 존재 자체를 인정해 주세요.
- **불완전함 수용하기**: 아이가 실수했을 때 비난하기보다, **"괜찮아, 누구나 실수할 수 있어. 엄마도 어릴 때 그런 적 있단다."** 라고 말해 주세요. 이는 위즈덤의 조약돌처럼, 완벽하지 않아도 괜찮다는 메시지를 전달하는 가장 좋은 방법입니다.
- **이야기 언어 사용하기**: 아이가 위축되어 있을 때, **"혹시 컴페리즌이 또 속삭이고 있니?"**, **"우리 티티처럼, 네 안의 우는 아이를 꼭 안아 줄까?"** 하고 다정하게 물어보세요. 책의 세계관이 아이의 현실 문제를 안전하게 다루는 창구가 되어 줄 것입니다.

주의사항

심각한 자기 비하, 사회적 위축, 우울감을 지속적으로 보인다면, 이는 단순한 비교 문제를 넘어선 위험신호일 수 있습니다. 그럴 경우 반드시 심리 전문가와의 상담을 통해 전문적인 도움을 받으시길 바랍니다.

워크북

활동 목표

- 내 안의 비교 목소리 인식하기
- 불완전한 나를 받아들이는 자기수용 경험하기
- 자기 존중 선언으로 자기비난의 감옥 벗어나기

활동 1: 비교의 속삭임 말풍선

- 내 안의 비교하는 컴페리즌은 뭐라고 속삭이나요?

(예: "너보다 공부 잘하는 애가 많아.", "너보다 예쁜 애들이 많아.")

____

- 내 안의 비교하는 말 알아보기

____

활동 2: 내 안의 열등감 살펴보기

- 내 안의 **열등감이나 낮은 자존감**이 있나요? 글로 적어 보고 그

이유를 생각해 보세요.

- 나의 열등감 또는 낮은 자존감

____

- 열등감 또는 낮은 자존감이 나에게 주는 영향

____

활동 3: 나와 대화하기

• 나에게 말해 주세요.

"나는 나를 __________ 비교하지 않을 거야.

있는 그대로 나를 __________ 존중해 줄 거야."

활동 4: 자기 존중 선언

"나는 비교의 마음이 아니라, 존중의 마음으로 나를 볼 거예요. 나는 부족함이 있어도, 있는 그대로 소중하기 때문입니다."

• 나를 위해 더 하고 싶은 한마디를 적어 보세요.

____

학부모 안내

아이가 "나는 너무 못났어."라고 말할 때, "그렇게 느끼고 있었구나…. 하지만 너는 정말 소중하고 예쁜 사람이란다."라고 공감하고 위로해 주세요.

제9장:
내 안의 작은 별을 찾아서
(결핍을 넘어 내면의 빛으로)

해설: 우리 마음속에는 '결핍, 열등감, 무가치함'의 목소리가 들려올 때가 있습니다.

혹시 이런 경험을 해보신 적 있나요? 다른 사람의 빛나는 재능이나 성공을 보며, 문득 나에게는 **결핍**된 것이 무엇인지부터 헤아리게 될 때가 있습니다. SNS 속 화려한 모습, 친구의 좋은 소식 앞에서 나만 뒤처지는 것 같고, 결국 나는 아무런 가치가 없는 존재처럼 느껴질 때가 있습니다.

그럴 때 우리는 스스로를 다그치곤 합니다. "나는 왜 이것밖에 안 될까?", "저 사람에 비하면 나는 정말 보잘것없어."

우리 마음속 세 가지 목소리: 결핍, 열등감, 그리고 무가치함

이 고통스러운 마음의 과정을 세 가지 목소리로 나누어 볼 수 있습니다.

결핍의 속삭임

모든 것은 "나에겐 무언가 부족해."라는 **결핍**의 속삭임에서 시작됩니다. 반디가 자신의 빛이 다른 친구들보다 약하다고 생각했던 것처럼, 우리도 자신의 부족한 점에 먼저 주목합니다.

열등감의 증폭

이 '결핍'을 타인의 장점과 **비교**할 때, 마음속에는 **열등감**이라는 감정이 피어납니다. '나의 부족함'은 '남들보다 못한 나'라는 고통스러운 감정으로 커집니다.

무가치함의 낙인

증폭된 열등감은 결국 스스로에게 **무가치**라는 낙인을 찍게 만듭니다. 이것이 바로 빌런 **무가치함**(Mugachi)의 정체입니다. 그것은 우리의 결핍감을 먹고 자라나는, 열등감이라는 거울로 우리 자신을 공격하는 마음속의 어둠입니다.

마음의 '깨진 거울': 비교의 함정

스스로가 무가치하게 느껴질 때 우리는 숨거나, 자신을 더 심하게 몰아붙입니다. "아무리 노력해도 소용없을 거야.", "역시 나는 안 돼."

하지만 이렇게 자신을 비난할수록 상처는 더욱 깊어집니다. '무가치'가 든 깨진 거울은 우리의 **결핍**을 크게 비추고, **열등감**을 증폭시켜 결국 우리를 비교의 덫에 가두어 버립니다.

자기수용의 마법: 결핍을 고유함으로 바꾸는 한마디

회복의 시작은 결핍을 채우려고 애쓰는 것이 아니라, 지금의 나를 그대로 인정하고 받아들이는 것입니다. 깨진 그릇의 틈을 금빛으로 채워 더 아름다운 예술로 만드는 것처럼 말이죠.

"나는 나로서 충분히 소중해.", "이 빛은 작을지 몰라도, 오직 나만이 가진 빛이야."

이 말들은 '결핍'을 '부족함'이 아닌 **고유함**으로 재해석하는 선언입니다. 나의 가치는 남들과의 비교로 결정되는 것이 아닙니다. 세상에 단 하나뿐인 나의 모습, 그 자체로 이미 충분히 소중하고 존재의 가치가 있습니다.

이야기라는 등불, 성장이라는 여정

반디가 자신의 '빛의 결핍'을 더 이상 부끄러워하지 않고 '나만의 따뜻한 빛'으로 소중히 여기는 장면은, 곧 우리의 성장 과정을 상징합니다. 자신의 결핍을 고유함으로 이해하고 수용할 때, 우리는 비로소 열등감이라는 어둠을 통과하고 타인의 시선에서 자유로워질 수 있습니다.

이 장의 핵심 메시지

- 여러분이 느끼는 무가치함과 열등감은 '비교'라는 거울에 비친 **결핍**의 환상일 뿐, 당신의 진짜 모습이 아닙니다.
- 성장의 첫걸음은 타인과 비교하는 것을 멈추고, 나의 결핍마저 "**나만의 특별함**"이라고 인정하고 사랑해 주는 것입니다.
- 결핍, 열등감, 무가치의 목소리를 인식하고, **"나는 이 모습 그대로 소중하다."**는 자기수용의 목소리로 대답할 때, 마음은 비로소 평화와 자신감을 되찾습니다.
- 여러분은 이미 그 자체로 완전하며, 여러분만의 방식으로 세상을 밝힐 수 있는 고유한 빛을 가지고 있습니다.

제10장:
해설 및 심리 가이드

조급함의 파도를 넘어, 나만의 리듬을 찾는 법

혹시 이런 경험이 있으신가요? 해야 할 일 목록(To-do list)을 보며 어디서부터 시작해야 할지 몰라 그저 막막하기만 한 순간, 남들의 빠른 성공스토리에 '나는 왜 이렇게 느릴까' 자책하며 불안해지는 순간, 아이에게 "빨리빨리!"라고 재촉하고는 뒤돌아서 후회하는 순간.

'조급함'은 성과와 속도만을 강요하는 현대 사회가 우리 마음에 심어 놓은 보이지 않는 감독관입니다. 차분이의 이야기는 바로 이 조급함의 파도를 넘어, 상처 입은 자신을 보듬고 **자기 속도 조절(Self-Pacing)**이라는 진정한 힘을 찾아가는 지혜로운 여정입니다.

이야기 속 심리 상징

- **서두름의 계곡**: 끊임없는 경쟁과 성과 압박 속에서 번아웃(Burn out)되어 가는 현대 사회의 모습을 상징합니다. 모두가 "빨리!"를 외치지만, 정작 아무것도 제대로 완성되지 못하는 혼란의 공간입니다.
- **러쉬**(Rush): 우리의 조급함과 완벽주의를 부추기는 **내면의 비판가**(Inner Critic)를 의인화한 빌런입니다. 이 비판의 목소리는 '시간이 없다', '너는 뒤처지고 있다'고 속삭이며 우리를 끊임없이 불안하게 만듭니다.
- **상처투성이 등껍질**: 이야기의 핵심적인 상징입니다. 처음에는 자신의 '약점'이자 '한계', '과거의 실패'라고 여겼던 것이, 관점의 전환을 통해 '자신을 지켜 온 역사'이자 '성장의 기록(영광의 훈장)', '회복탄력성'이라는 깊은 통찰을 보여 줍니다.
- **꾸준함의 보석과 '다음 한 걸음'**: 거대한 목표 앞에서 압도당하는 뇌의 '동결 반응'을 깨뜨리는 심리적 처방전입니다. 지금 여기에서 할 수 있는 작은 행동에 집중하는 **마음챙김**(Mindfulness)과 **행동 활성화**(Behavioral Activation)의 힘을 상징합니다.

활동 원리(마음챙김 & 행동 활성화 목표)

- **'나의 평화로운 시간' 찾기**: 복잡한 생각과 불안에서 벗어나 현재에 머무르며 심리적 안정감을 회복하는 **'마음챙김(Mindfulness)'** 활동입니다. 러쉬의 목소리가 들리지 않는 자

신만의 **안전지대**(Safe Place)를 만드는 과정입니다.

- **'러쉬' 마주하기**: 내 안의 조급한 목소리를 '러쉬'라는 빌런으로 **외부화**(Externalization)하여, 문제와 나 자신을 분리하도록 돕습니다. '나는 의지박약이야'가 아니라, '내 안에 러쉬라는 조급함이 있는 것'으로 인식을 전환시켜 줍니다.
- **'꾸준함의 보석' 찾기**: 이 활동은 **행동 활성화**와 **자기효능감**의 원리를 담고 있습니다. 거창한 성공이 아니더라도, 꾸준한 노력을 통해 무언가를 이뤄냈던 경험을 찾아냄으로써 "나에게는 나만의 속도로 해낼 힘이 있다."는 믿음을 강화합니다.

부모 · 교사 · 상담사를 위한 활용 팁

- **조급함의 언어 멈추기**: 아이 앞에서 "빨리빨리!", "다른 애들은 벌써 다 했어!"와 같은 말을 무심코 사용하지 않도록 주의해야 합니다. 이는 아이 마음에 '러쉬'를 직접 심어 주는 것과 같습니다.
- **과정과 리듬 칭찬하기**: "다 끝냈네!"와 같은 결과 중심의 칭찬보다, **"결과가 어떻든, 너만의 속도로 차근차근 해내는 모습이 정말 대단해."**와 같이 과정과 아이 고유의 리듬을 인정해 주세요.
- **느림과 쉼 수용하기**: 아이가 무언가를 더디게 할 때, 그것을 '답답함'이 아닌 '신중함'으로 바라봐 주세요. 아이가 지쳐 보일 땐, **"괜찮아, 잠시 쉬어도 돼. 거북이도 나아가려면 숨을 쉬어야 한단다."**라고 말해 주세요. 쉼이 게으름이 아닌, 나아

가기 위한 과정임을 알려 주는 것이 중요합니다.

- **이야기 언어 사용하기**: 아이가 과제 앞에서 막막해할 때, "혹시 러쉬가 또 찾아와서 '시간의 창'을 던지고 있니?", **"우리의 '다음 한 걸음'은 뭘까?"** 하고 다정하게 물어보세요. 책의 세계관이 아이의 현실 문제를 안전하게 다루는 창구가 되어 줄 것입니다.

워크북: 나만의 속도 찾기

활동 목표

- 내 마음속 '러쉬'의 목소리를 인식하고 정체를 파악하기
- 압도적인 문제를 해결 가능한 작은 '다음 한 걸음'으로 나누기
- 나의 상처나 약점을 '영광의 훈장'으로 재해석하는 힘 기르기

활동 1: 내 마음속 러쉬는 언제 나타날까?

- 나는 주로 어떨 때 조급한 마음(러쉬)이 찾아오나요?

- 그때 내 마음속 러쉬는 뭐라고 속삭이나요?

(예: "이것도 못 하면 어떡해?", "빨리 안 하면 다 망할 거야!")

활동 2: '한 걸음'의 기적

- 지금 나를 가장 걱정시키는 문제는 무엇인가요?

- 그 문제를 해결하기 위해, 지금 당장 할 수 있는 가장 작고 소중한 '한 걸음'은 무엇일까요?

학부모 안내

- 아이가 "나 너무 느려."라고 자책할 때, "느림은 약점이 아니라, 꾸준히 나아갈 수 있다면 그것은 너만의 힘이야."라고 격려해 주세요.
- 아이가 큰 과제 앞에서 압도당할 때, 함께 '다음 한 걸음'이 무엇일지 찾아보는 대화를 해보세요.
- 아이가 활동지에 적은 '다음 한 걸음'을 실천했을 때, 결과가 아닌 과정 그 자체를 칭찬해 주세요.

  → **"너만의 속도로 한 걸음 나아갔구나! 잘했어. 정말 멋지다!"**

제11장:
죄책감에서
용서와 자기 존중, 사랑으로

1단계: 길트의 목소리 인식하기

우리 마음속 **길트**(Guilt, **죄책감**)는 끊임없이 스스로를 탓하게 만듭니다.

"너 때문이야."

"넌 지켜 내지 못했어."

"너는 용서받을 자격이 없어."

이 목소리를 억누르지 말고, 잠시 종이에 적어 보세요.

적는 순간, 그것이 '진실'이 아니라 단지 '마음속 목소리'임을 알게 됩니다.

• 지금 내 마음을 괴롭히는 죄책감 길트의 말

2단계: 지혜의 목소리와 새로운 관점

길트는 사실을 왜곡하여, 사랑을 죄책감으로 덮어씌웁니다.
하지만 우리 안에는 **지혜와 연민의 목소리**가 존재합니다.
여기서는 현실적이고 균형 잡힌 대답을 적는 것이 중요합니다.
예:

- 길트: "넌 지켜 내지 못했어."
- 지혜로운 생각: "나는 내가 할 수 있는 최선을 다했어. 결과가 아쉬울 뿐, 나의 잘못은 아니야."
- 길트: "너는 행복할 자격이 없어."
- 지혜: "나는 나를 용서하기로 했어. 그렇기에 행복할 자격도 충분해."

3단계: 오늘 내가 할 수 있는 작은 자기용서 행동

용서는 거창한 선언이 아닙니다. 작은 자기돌봄의 마음과 행동 하나가 죄책감 길트의 힘을 약화시킵니다.

따뜻한 차를 마시며 스스로를 위로하기, "괜찮아, 네 잘못이 아니야."라고 거울 앞에서 말하기, 하루를 마치며 감사 일기 한 줄 쓰기….

이 작은 실천이 모여 마음의 회복력을 키웁니다.

- 나를 용서하는 문장 읽기
- “나는 나 자신 스스로를 용서하고 용납하고 존중하겠습니다.”

4단계: 나눔과 자기 격려

마지막으로 자기 자신을 격려하는 말을 덧붙이세요.

소리 내어 말하는 순간, 우리의 뇌는 그 말을 실제 경험처럼 받아들입니다.

- “나는 내 잘못이 아니다.”
- “나는 나를 용서하고 사랑할 자격이 있다.”

이 장의 핵심 메시지

- 자신을 비난하지 말고, 용서해 보세요.
- 자기용서는 결국 더 넓은 사랑으로 이어집니다.
- “나는 최선을 다했던 나 자신을 용서한다.”
- “나는 슬퍼하고 절망하는 대신, 사랑하며 살아갈 것을 선택합니다.”

제12장:
원망을 멈추고 나의 정원 가꾸기

우리 마음속 비난의 마음, 블레임(Blame)

롱넥이와 투덜이는 세상의 불편함을 탓하고 원망했습니다. 이처럼 우리는 바꿀 수 없는 현실 앞에서 좌절할 때, 가장 쉬운 방법으로 '탓하기'를 선택하곤 합니다. 이것이 바로 우리 마음속의 '블레임(Blame, 비난)'이 놓는 함정입니다.

"세상이 문제야." 혹은 "내가 문제야."라고 외치는 동안, 우리의 마음도 원망과 미움, 비난하는 마음에 갇혀 힘들어집니다.

롱넥이와 투덜이가 그랬듯, 우리는 관점을 바꿀 수 있습니다. 바꿀 수 없는 것에 쏟던 에너지를, 내가 가꿀 수 있는 것에 집중할 때, 비로소 우리의 마음에는 새로운 길이 열립니다.

내 마음의 '블레임' 목소리 듣기

당신의 블레임(Blame)은 주로 어디를 향하고 있나요? 롱넥이처럼 세상을 향한 불평인가요, 아니면 투덜이처럼 자신을 향한 비관인가요? 먼저 내 마음속 비난의 목소리를 정직하게 들어보는 것이 중요합니다.

어떤 상황에서, 누구를, 혹은 무엇을 자주 탓하게 되나요? 그 목소리를 있는 그대로 적어 보세요.

- 내 마음을 힘들게 하는 블레임의 말

'바꿀 수 없는 것'과 '내가 할 수 있는 일'을 구분하기

블레임은 우리 힘으로 어쩔 수 없는 일에만 집중하게 만듭니다. 이제 지혜의 눈으로 내 삶을 바라보며, 내가 바꿀 수 없는 것과 바꿀 수 있는 것을 구분해 봅시다. 이것이 바로 마음의 정원을 가꾸는 첫걸음입니다.

- **바꿀 수 없는 것**: 다른 사람의 생각이나 말, 이미 일어난 과거의 일 등
- **내가 할 수 있는 일**: 오늘의 나의 생각과 행동, 사물을 바라보는 나의 관점, 새로운 것을 배우려는 노력, 친절한 말을 건네는 선택 등

나의 씨앗을 위한 작은 행동 선택하기

관점을 바꾸는 가장 확실한 방법은 작은 행동을 시작하는 것입니다. 당신이 변화시키기로 마음먹은 일 하나를 골라, 그것을 위해 오늘 당장 할 수 있는 아주 작은 행동 한 가지를 정해 보세요.

- 예: 비관적인 생각이 들 때 5분 산책하기, 불평 대신 감사한 일 한 가지 찾아보기, 미뤄뒀던 방 청소 시작하기 등

문장 완성하기

"나는 그동안 부정적으로 생각하고 비난했던 ______________을 긍정적으로 바꾸어 생각하겠습니다."

"나는 오늘 긍정적인 미래를 위해 ______________라는 작은 행동을 실천하겠습니다."

수용과 책임의 언어 선언하기

이제 당신은 비난의 목소리를 알아차렸고, 긍정적으로 생각하고, 내가 할 수 있는 일에 집중하기로 했습니다. 이것은 놀라운 용기입니다. 마지막으로, 롱넥이와 투덜이처럼 새로운 관점을 선택한 자신을 위해 힘차게 긍정적인 마음의 결단을 선언하며 마무리해 보세요.

- **"나는 바꿀 수 없는 일을 대신, 내가 할 수 있는 일에 집중하겠습니다."**
- **"나의 상황을 탓하는 것을 멈추고, 긍정적인 마음을 가지기로 선택하겠습니다."**

마음회복 활동: 내 마음의 정원 가꾸기

우리는 바꿀 수 없는 것을 원망하며 마음의 힘을 낭비할 때가 있지요.

이 활동은 **원망의 마음을 걷어 내고, 내가 할 수 있는 일에 집중하는 연습**입니다.

1단계: 내 마음의 비난하는 마음 찾기

- 나는 주로 무엇을 원망하거나 불평하나요?
- 그렇게 원망할 때 내 마음은 어떤가요?

2단계: 바꿀 수 없는 것들과 내가 노력하면 바꿀 수 있는 것들

- 내가 바꿀 수 없는 것들

- 내가 바꿀 수 있는 것들

3단계: 수용의 언어

롱넥이와 투덜이를 떠올리며, 이렇게 말해 보세요.

"나는 바꿀 수 없는 것을 원망하지 않고, 내가 할 수 있는 일에 마음을 쏟을 거야."

제13장:
나의 '진짜 얼굴'을 만나는 시간

당신의 마음에도 '웃음 가면'이 있나요?

이야기 속 토순이는 '판단의 그림''가 두려워 늘 웃는 가면을 쓰고 다녔습니다. "슬퍼 보이면 사랑받지 못할 거야.", "힘든 모습을 보이면 사람들이 나를 보고 실망할 거야."라는 속삭임 때문이었죠.

우리 역시 살아가면서 수많은 가면을 씁니다. '언제나 유능한 직원의 가면', '늘 씩씩한 자녀의 가면', '완벽하고 흔들림 없는 부모의 가면'처럼 말이죠. 이 가면들은 사회 속에서 우리를 지켜 주는 갑옷 역할을 하기도 하지만, 너무 오랫동안 쓰고 있으면 가면 뒤의 진짜 내 얼굴이 어떤 표정을 짓고 있는지조차 잊어버리게 만듭니다. 가면의 무게에 짓눌려 마음은 점점 지쳐 갑니다.

토순이가 그랬듯, 가장 큰 용기는 완벽한 가면을 만드는 것이 아니라, 그 가면을 잠시 내려놓고 나의 맨얼굴을 마주하는 것입니다. 이 활동은 당신이 쓴 가면을 알아차리고, 그 뒤에 숨겨진 진짜 당신을 따뜻하게 만나주는 안전한 연습입니다.

나의 '웃음 가면'과 '판단의 그림자' 목소리 인식하기

먼저 내가 어떤 가면을, 왜 쓰고 있는지 알아차리는 것이 중요합니다.

- 나의 가면은 무엇인가요?

(예: 뭐든 잘 해내는 '유능한 가면', 어떤 상황에서도 친절한 '착한 사람 가면')

- 그 가면 뒤에서 '판단의 그림자'는 뭐라고 속삭이나요?

(예: "실수하면 무능하다고 할 거야.", "거절하면 이기적이라고 생각할 거야.")

'진실함과 공감의 빛'으로 새로운 관점 찾기

'판단의 그림자'는 **부정적인 상황만을 가정하는 걱정제조기**입니다.

예:

- 판단의 그림자: "약한 모습을 보이면 모두가 너를 떠날 거야."
- 진실의 말: "진정한 관계는 나의 부족함을 수용해 줄 때 깊어질 수 있어. 모든 사람에게 사랑받을 필요는 없어. 나를 이해해 줄 수 있는 사람들과 친해지면 괜찮아."

가면을 살짝 내려놓는 작은 용기

가면을 한 번에 벗어 던질 필요는 없습니다. 가장 안전하다고 느끼는 곳에서, 가장 신뢰하는 사람에게, 내 마음의 아주 작은 한 조각을 보여 주는 것만으로도 충분합니다. 이 작은 행동이 가면의 무게를 가볍게 만드는 첫걸음입니다.

자유와 자기수용의 언어 선언하기

이제 당신은 가면 뒤의 진짜 자신을 만날 준비가 되었습니다. 토순이가 '진솔함의 보석'을 얻었듯, 당신의 용기 있는 선택을 축하하며 스스로에게 자유를 선물하는 말을 힘차게 선언해 보세요. 소리 내어 말할 때, 이 다짐은 당신의 것이 됩니다.

☞ **"나는 나의 모든 감정을 느낄 자격이 있다. 슬픔도, 두려움도 나의 소중한 일부다."** ☞ **"나의 진짜 모습을 드러낼 때, 나는 가장 자유롭고 강해진다."** ☞ **"진정한 용기는 완벽함이 아니라, 나의 불완전함을 기꺼이 드러내는 마음에 있다."**

심리학적 업그레이드 포인트

- **페르소나(Persona)와 자기 인식**: 1단계는 칼 융이 말한 사회적 가면 **페르소나**를 인식하는 과정입니다. 페르소나 자체는 필요하지만, '가면이 곧 나'라고 동일시할 때 문제가 생깁니다. 가면과 진짜 나를 구분하는 것이 성숙의 시작입니다.
- **취약성(Vulnerability)의 힘**: 3단계의 '작은 용기'는 사회심리학자 브레네 브라운이 강조한 **취약성**을 드러내는 연습입니

다. 약점을 드러내는 것은 나약함이 아니라, 진정한 연결과 친밀감을 형성하는 가장 큰 용기입니다.

- **무조건적 긍정적 존중**(Unconditional Positive Regard): 친구들이 토순이의 맨얼굴을 그대로 받아준 것처럼, 이 활동은 스스로에게 칼 로저스가 말한 **무조건적 긍정적 존중**을 보내는 훈련입니다. 나의 어떤 모습이든 괜찮다고 수용해 줄 때 진정한 치유가 일어납니다.
- **점진적 노출**(Graduated Exposure): 두려움을 극복하는 가장 효과적인 방법 중 하나는 '점진적 노출'입니다. 3단계에서 가장 안전한 사람에게 작은 것부터 표현하도록 유도하는 것은, 사회적 불안을 줄이고 자신감을 키우는 검증된 심리 치료 기법입니다.

제14장:
집중력의 힘

무언가를 집중해서 완성하는 게 어렵게 느껴지나요?

폴짝이처럼 머릿속에 멋진 아이디어는 가득하지만, 막상 시작하면 금방 싫증 나고 다른 것에 한눈을 파나요? 해야 할 일이 있는데도 자꾸만 딴짓을 하게 되어, 하루가 끝나면 자책감에 마음이 무거워지나요?

위즈덤 할아버지의 말처럼, 당신은 **'생각 자동차'의 운전법을 아직 배우지 못했을 뿐**입니다. 넘치는 에너지와 호기심은 결점이 아니라, 잘 다루기만 하면 누구보다 멀리, 멋지게 나아갈 수 있는 강력한 엔진이 될 수 있습니다.

이 활동은 당신만의 '생각 자동차'를 위한 안전 운전 매뉴얼을 직접 만들어 보는 시간입니다.

나의 '생각 자동차' 특징과 '생각 번개'의 속삭임 알기

운전을 배우기 전, 내 차의 특징부터 알아야 합니다. 나의 집중력이 어떨 때 흔들리는지, 내 안의 '산만이'가 주로 어떤 말로 유혹하는지 알아차리는 것이 첫걸음입니다.

- 나의 '생각 자동차'는 어떤 특징이 있나요?

  (예: 시동은 빨리 걸리지만 쉽게 과열된다, 멋진 풍경(다른 아이디어)이 보이면 자꾸 샛길로 빠진다, 연료(에너지)가 금방 닳는다 등)

- 당신만의 '산만이(산만한 마음)'는 주로 뭐라고 속삭이나요?

  (예: "이건 너무 어려워, 나중에 하자.", "딱 5분만 인터넷 보고 하자.", "아, 더 재미있는 게 생각났어!")

나만의 '안전 운전 3단계' 매뉴얼 만들기

이제 위즈덤 할아버지의 지혜를 빌려, 당신만의 운전 매뉴얼을 구체적으로 만들어 봅시다. 이 3단계는 당신의 생각을 목표까지 안전하게 안내하는 내비게이션이 될 거예요.

① **목적지 정하기**: 오늘 내가 끝까지 완성할 목표 한 가지는 무엇인가요?

② **주변 살피기**: 시작하기 전, 나의 집중력을 방해할 '산만이' 요소를 어떻게 대처할까요?

③ **대응하기**: 중간에 '산만이'의 방해의 소리가 들려올 때, 나는 어떻게 대응해야 할까요?

나만의 '집중력 방패' 준비하기

나의 집중력 방패에 새길 문장들

심리학적 업그레이드 포인트

- **실행 기능**(Executive Functions) **훈련**: 이 활동의 4단계 매뉴얼은 ADHD 아동 및 성인에게 필요한 핵심 **실행 기능**(**목표 설정, 계획, 충동 억제, 과제 시작**)을 이야기를 통해 쉽고 재미있게 훈련하도록 돕습니다.
- **성장형 사고방식**(Growth Mindset): '난 왜 이럴까?(고정형 사고)' 대신 '다음엔 이렇게 해봐야지!(성장형 사고)'라고 생각의 틀을 바꿔 주며, 실패를 성장의 기회로 보도록 교육합니다.
- **과제 분할**(Task Chunking): 거창한 목표가 아닌 '아주 작은 목표'를 정하게 함으로써, 과제에 대한 심리적 부담감을 줄이고 실행력을 높이는 효과적인 전략입니다.

- **긍정적 강화**(Positive Reinforcement): '점프 달력'처럼 작은 성공을 시각적으로 기록하고 스스로 보상하는 행위는, 뇌가 해당 행동(집중, 완수)을 즐거운 것으로 인식하게 하여 좋은 습관을 형성하는 데 큰 도움이 됩니다.

제15장:
나의 '집착의 탑'에서 내려오기

오버마인드는 '완벽해야 한다'는 강박적인 집착에 사로잡혀 스스로를 고립시키는 '집착의 탑'을 쌓았습니다. 그 탑은 우리에게 안정감을 주는 듯 보이지만, 사실은 우리를 지치게 하고 잠시도 쉬지 못하게 만드는 감옥이 되기도 합니다.

이 활동은 당신이 쌓아 올린 탑의 정체를 알아보고, 그 꼭대기에서 잠시 내려와 쉬어 가는 용기를 내는 연습입니다. 목표를 포기하는 것이 아니라, 건강한 '균형'을 찾아 더 멀리 나아가기 위함입니다.

나의 '집착의 탑'과 그 속삭임들

당신이 무너지지 않기 위해 필사적으로 쌓고 있는 '탑'의 이름은 무엇인가요? 그 안에서 '집착'은 당신에게 어떤 말들을 속삭이나요?

• 나의 탑 이름

(예: 완벽한 성과의 탑, 모두에게 인정받는 탑, 절대 실패하지 않는 탑)

• '집착'의 속삭임

'균형의 목소리'로 새로운 관점 찾기

집착의 속삭임은 '성공 아니면 실패, 전부 아니면 전무(All or Nothing)'라는 흑백논리에 기반합니다. 그 극단적인 목소리에, 지혜로운 '균형의 목소리'로 답해 주세요.

예:

- **집착의 속삭임**: "조금이라도 실수하면 모든 게 끝장이야."
- **균형의 목소리**: "실수는 끝이 아니라, 더 나은 길을 알려 주는 이정표야. 잠깐의 실패 또한 성공으로 가는 과정의 일부일 뿐이야."

• 나의 '집착'에게 '균형의 목소리'로 답하기

용기 내어 '돌 하나' 내려놓기

마음을 괴롭히는 돌 하나를 내려놓았을 때 긍정적인 변화가 시작됩니다. 당신을 짓누르는 수많은 부담감 중에서, 오늘 딱 하나만 내려놓는 연습을 해봅시다. 완벽을 향한 질주에 의식적으로 '쉼과 휴식'이라는 틈을 만드는 용기입니다.

어떤 부담감을 내려놓을지 기록해 봅니다.

균형과 자기수용의 언어 선언하기

이제 당신은 집착의 노예가 아닌, 균형을 아는 지혜로운 히어로즈가 준비가 되었습니다. 스스로에게 '균형의 보석'을 선물하며, 새로운 다짐을 소리 내어 선언해 보세요.

"나의 가치는 성과가 아닌 존재 자체에 있다. 나는 완벽하지 않아도 충분하다." ☞ **"진정한 성장은 멈추지 않는 것이 아니라, 쉼과 나아감의 균형 속에 있다."** ☞ **"무너지는 것은 실패가 아니라, 더 단단한 기반을 다질 기회일 뿐이다."**

심리학적 업그레이드 포인트

- **완벽주의와 흑백논리적 사고:** 이 활동은 '완벽하지 않으면 실패'라는 인지적 왜곡을 교정하고, 과정의 가치를 보도록 돕습니다.
- **번아웃(Burnout) 예방:** 3단계 '돌 내려놓기'는 성과 지향적 사회에서 소진되기 쉬운 현대인들에게 의식적인 휴식과 자기돌봄의 중요성을 일깨웁니다.
- **자기연민(Self-Compassion):** 2단계와 4단계는 실패와 불완전함 앞에서 자신을 비난하는 대신, 따뜻하게 이해하고 격려하는 자기연민의 태도를 훈련시킵니다.

- **성장형 사고방식**(Growth Mindset): '추락'을 '발전적 과정'으로, '무너짐'을 '새로운 기회'로 재해석하며, 고정형 사고방식에서 성장형 사고방식으로의 전환을 촉진합니다.

이 에피소드가 주는 교훈

- **'작은 목적지' 설정하기**(과제 분할) "보고서 완성하기"는 너무 먼 목적지입니다. "보고서 목차만 짜기" 혹은 "자료 조사 딱 2개만 하기"처럼, **15분 안에 끝낼 수 있는 아주 작은 목적지**를 설정해 보세요. 폴짝이가 '토끼 조각 하나'를 완성하고 [집중력의 보석]을 얻었듯, 작은 성공의 경험이야말로 최고의 연료가 됩니다.
- **출발 전 '3초 멈춤'**(충동 조절) 산만이가 "저기 더 재밌는 게 있어!"라고 속삭일 때, 바로 핸들을 꺾지 마세요. 하던 일을 **멈추고 눈을 감고 심호흡을 딱 세 번만 해보세요.** 이 '3초 멈춤'은 폭주하려는 생각 자동차에 브레이크를 걸어, 내가 가려던 목적지를 다시 기억하게 만드는 아주 강력한 시간입니다.
- **나만의 '집중력 방패' 만들기**(방해 요소 차단) 운전을 하다 보면 예기치 못한 '먹구름(어려움)'이나 '번개(자기 비난)'를 만납니다. 이때 나를 지켜줄 방패를 미리 준비해 두는 겁니다.
  - **물리적 방패**: 시작 전, 스마트폰은 무음으로 멀리 두기
  - **심리적 방패**: '만약 ~하면, ~한다' 규칙 정하기
    (예: "만약 다른 생각이 떠오르면 → 메모지에 적어두고 다시 원래 일로 돌아온다.")

당신의 생각 자동차에 작은 목적지를 입력하고 부드럽게 시동을 걸어 보는 건 어떨까요? 분명히 생각보다 훨씬 더 멀리 나아갈 수 있을 겁니다.

제16장:
균형 있는 완벽주의

해설: 당신의 마음속에도 완벽주의가 있나요?

이야기 속 오버마인드는 성공하지 못하면 실패라는 이분법적인 흑백논리에 힘들어했습니다.

이 활동은 당신의 완벽주의를 알아차리고, 실수를 성장의 기회로 바라보는 연습입니다.

'완벽주의'와 '성공 아니면 실패' 인식하기

먼저 내가 어떤 완벽함을 추구하는지, 그리고 작은 실수에 대해 어떻게 실패로 인식하는지 알아보는 활동입니다.

- 나는 주로 어떤 일에서 완벽한 탑을 쌓으려고 하나요?

- 그곳에 '균열'이 생겼을 때, '실패의 환영'은 뭐라고 속삭이나요?

'균형의 지혜'로 새로운 관점 찾기

흑백논리는 작은 실수를 완전한 실패로 부풀리는 거짓말쟁이입니다. 오버마인드가 균열 속에서 더 단단해질 기회를 찾았듯, 우리도 관점을 바꾸면 실패도 과정으로 인식할 수 있는 지혜가 생깁니다.

나의 '실패의 그림자'에게 '균형의 지혜'로 답하기

- **실패의 그림자**: "이 부분을 틀리다니, 넌 정말 꼼꼼하지 못한 사람이야!"
- **균형의 지혜**: "사람은 누구나 실수할 수 있어. 다음엔 한 번 더 확인하는 계기로 삼으면 돼."

균형과 자기수용의 언어 선언하기

이제 당신은 완벽하지 않아도 괜찮은 자신을 만날 준비가 되었습니다. 오버마인드가 '균형의 보석'을 얻었듯, 스스로에게 유연함을 선물하는 말을 선언해 보세요.

- "나는 완벽하지 않아도 충분히 가치 있는 사람이다."
- "실수는 실패가 아니라, 배우고 성장하는 과정의 일부이다."

활동 1: 내 마음속 20가지 보석 정리

- **내가 이미 잘 가지고 있는 마음의 보석은 무엇인가요?**
- **지금 나에게 가장 필요한 마음의 보석은 무엇인가요?**
- **앞으로 더 크게 키우고 싶은 마음의 보석은 무엇인가요?**

활동 2: 나의 마음 히어로즈 찾기

나에게 용기를 주고, 위로를 주고, 나를 용납해 주는 사람들이 있는지 적어 봅시다. 아래에 적은 사람들도 중요한 사람들이지만, 나 스스로도 나를 도와주는 히어로가 되어 주세요.

- 나에게 **용기**를 주는 사람: ____________________
- 나에게 **따뜻한 위로**를 주는 사람: ____________________
- 나에게 **"있는 그대로 괜찮다."**고 말해 주는 사람:

  ____

나의 행복왕국을 위한 약속

"나는 나의 마음을 지키는 위대한 영웅으로서,

오늘 __________ **보석**을 더 소중히 여기고 가꾸겠습니다."

학부모 안내

- 아이가 20가지 보석 중 자신이 고른 것을 **스스로 설명할 수 있게** 기다려 주세요.
- "왜 그 보석을 고른 거니?" 대신 **"그 보석이 너에게 어떤 힘을 주는구나."**라고 인정해 주세요.

- 완벽하게 다 채우지 않아도 괜찮습니다. 선택한 순간이 곧 자기 성찰의 시작입니다.

교사 · 상담사 해설

- **새로운 마음보석**: 상처를 없애는 완벽함이 아닌, 상처를 품은 통합과 회복의 상징
- **마음의 교향곡**: 20개의 다른 마음이 모여 내는 '집단적 · 내적 조화'

활동 원리

- **자기 성찰**: 20가지 보석 중 현재 자신에게 중요한 마음을 식별
- **자기 긍정 강화**: 이미 가진 보석을 자각하고 자부심 형성
- **발달 목표 설정**: 앞으로 더 아름답게 다듬어가고 싶은 보석을 선언함으로써 자기 성장을 촉진

지도 시 유의점

아이마다 필요한 보석이 다름을 존중해야 합니다. 활동은 '정답 맞추기'가 아니라 **자기 마음을 파악하는 훈련**임을 안내해 주세요.

당신의 상처를 '보석'으로 만드는 시간

STEP 1: 나만의 '마음보석' 발견하기

당신이 지나온 시간 중 가장 힘들었던 순간이나 용기를 내어 극복했던 어려움 하나를 떠올려 보세요. 꼭 거창한 사건이 아니어도 좋습니다. 그 시간은 당신에게 어떤 상처를 남겼나요? 그 어두운 터널을 지나온 지금, 당신은 무엇을 배우고 얻게 되었나요? **그것이 바로, 시련을 통해 당신만이 얻어낸 고유한 '마음보석'입니다.**

아래 빈칸에 당신의 보석을 한번 적어 보세요.

- 나의 시련 또는 상처

  (예: 큰 실패를 경험하고 자존감이 무너졌던 일)

- 그것을 통해 얻은 나의 보석

  (예: 실패를 딛고 다시 일어서는 회복의 보석)

STEP 2: 상처가 만든 깊이를 인정하기

이야기 속 회복된 마인드스톤이 상처 입기 전보다 더 찬란하게 빛났던 것을 기억하시나요? 당신도 마찬가지입니다.

당신이 겪었던 시련과 상처는 회복 이후 오히려 당신을 더 깊고, 따뜻하며, 강한 사람으로 만들 수 있습니다. 다른 사람의 아픔에 더 잘 공감할 수 있게 되었고, 작은 것에 감사할 줄 알게 되었으며, 쉽게 무너지지 않는 내면의 힘을 갖게 되었을지도 모릅니다. **당신의 내면은 그 경험 덕분에, 더욱 밝게 빛나게 될 수 있습니다.** 이 사실을 스스로에게 다정하게 인정해 주세요.

STEP 3: 나의 '행복 마음 정원' 가꾸기 약속

위즈덤 할아버지의 말처럼, 행복은 완성된 트로피가 아니라 매일 가꾸는 정원과 같습니다. 당신의 빛나는 보석을 잘 간직하고 더 밝게 닦기 위해, 오늘 하루 당신의 '마음 정원'을 가꾸는 작은 행동 하나를 약속해 보세요.

- **(예시)** 나를 칭찬하는 말 한마디 건네기, 5분 산책하기, 좋아하는 노래 듣기 등 무엇이든 좋습니다.

아래 문장을 완성하며 스스로와 약속해 주세요.

"나는 오늘 '______________________________'라는 생각으로 나의 마음 정원을 소중히 가꾸겠습니다."

마무리 코칭

기억해 주세요. 진정한 히어로는 상처가 없는 사람이 아니라, **자신의 상처를 극복하고 이겨 내는 사람입니다.** 당신은 이미 당신의 인생이라는 이야기 속에서 수많은 어려움을 이겨 내고, 눈부신 보석들을 품에 안은 진정한 영웅입니다.

제17장, 제18장:
나의 왕국을 찾아서

활동 1: 나의 마음속 회복된 행복 왕국

여러분의 마음속에는 저마다의 **마음속 왕국**이 있습니다. 그곳은 여러분에게 평화와 행복, 그리고 힘을 주는 특별한 세계예요.

질문

- 내 마음속 왕국은 어떤 모습인가요?
- 그곳에서 나는 무엇을 할 때 가장 행복하나요?
- 내 왕국에는 누가 함께 있나요? (혹은 혼자만의 왕국일 수도 있어요.)
- 내 마음을 가장 편안하고 행복하게 해주는 **나만의 왕국**을 그림이나 글로 표현해 보세요.

활동 2: 내 마음의 어둠의 군단

우리들의 마음속 왕국에도 때때로 **어둠의 군단**이 찾아옵니다.

우리 마음을 괴롭히는 감정과 부정적인 생각들과 기억들이지요.

질문

- 내 마음을 힘들게 하는 어둠의 군단은 무엇인가요?
- 그 어둠이 오면 나는 어떤 기분과 감정이 드나요?

활동

나를 괴롭히는 어둠의 군단은 무엇인지 그림이나 글로 자유롭게 표현해 보세요.

활동 3: 나만의 마음보석

안내

우리들의 마음에는 어둠만 있는 것이 아닙니다. 빛도 함께 공존

하며 언제나 나를 지켜주는 마음보석이 숨어 있어요. 그 보석은 용기, 희망, 사랑, 기쁨, 용서, 수용, 용납 등… 어떤 것이든 될 수 있습니다.

질문

- 나는 절망을 이겨 내기 위해 어떤 용기를 낸 적이 있었나요?
- 나를 힘 나게 하는 말, 소중한 기억, 지켜가고 싶은 믿음은 무엇인가요?

활동

여러분을 지켜줄 **나만의 마음보석**을 그림이나 글로 표현해 보세요. 그 안에 담고 싶은 가치와 다짐을 적어도 좋아요.

마무리 생각

상처로부터 회복된 내 마음속 왕국은 어떤 모습으로 빛나고 있나요?

맺음말

이 책은 단순한 모험담을 넘어, 마음의 상처가 회복의 마음으로 회복되는 과정을 담은 이야기입니다. 우리는 길 위에서 넘어지기도 하고, 때로는 울기도 하고, 때로는 짙은 안개 속에서 방향을 잃었습니다. 그러나 우리는 용기를 내어 아주 작은 한 걸음을 내디뎠고, 작은 용기의 보석을 만들어 내며 다시 도전할 수 있었습니다. 그것이 바로 상처를 이해하며 더 단단해지고, 자신만의 고유한 마음의 색을 되찾는 방법이었습니다.

이 책은 그 과정을 함께 걷는 작은 마음 지도가 되고자 했습니다. 지도는 흐릿한 앞길에 새로운 시선을 열어 주고, 두려움 앞에 멈춘 발걸음에 작은 용기를 건네줍니다.

아이들의 마음을 지키는 마음 히어로즈 구조대가 되어 주세요!

이야기 속 위즈덤의 목소리는 인지행동치료(CBT)의 지혜를 담고 있습니다. "생각이 감정을 만든다."라는 말처럼, 사건 자체가 아닌 그것을 해석하는 마음의 안경이 우리의 삶을 빚어냅니다. 아이가 바라보는 시선의 작은 변화, 아주 사소한 행동의 시작이 아이의 내면을 다시 건강한 마음으로 회복시킬 것입니다. 부모님과 보호자, 선생님들이 이 이야기를 길잡이 삼아 아이의 마음에 다정히 말을 걸어 주시기를 바랍니다.

이야기의 끝, 성장의 시작

인생의 여정에서 우리들은 수없이 넘어지고, 또다시 길을 잃을지도 모릅니다. 그러나 기억해 주세요. 넘어진 자리에서 일어서는 힘은 언제나 우리 안에 있다는 사실을요.

이 이야기가 그 내면의 힘을 발견하게 하는 등불이자, 다정한 마음의 언어가 되기를 소망합니다. 이 글을 읽는 모든 분들이 언제나 다시 일어설 수 있다는 희망과 믿음을 드리고 싶습니다.

행복왕국
마음 히어로즈 구조대의 대모험

초판 1쇄 발행 2025. 12. 31.

지은이 행복한 랍스타(김승리)
펴낸이 김병호
펴낸곳 주식회사 바른북스

편 집 황금주
디자인 최다빈
마케팅 송송이, 박수진, 박하연

등록 2019년 4월 3일 제2019-000040호
주소 서울시 성동구 연무장5길 9-16, 606호 (성수동2가, 블루스톤타워)
대표전화 070-7857-9719 | **경영지원** 02-3409-9719 | **팩스** 070-7610-9820

•바른북스는 여러분의 다양한 아이디어와 원고 투고를 설레는 마음으로 기다리고 있습니다.

자비출판 투고 barunbooks21@naver.com
홈페이지 www.barunbooks.com | **유튜브** https://www.youtube.com/@Youtube_brTV
인스타그램 https://www.instagram.com/barunbooks7/ | **X(트위터)** https://x.com/barunbooks7
페이스북 facebook.com/barunbooks7 | **틱톡** https://www.tiktok.com/@barunbooks7

ISBN 979-11-7263-771-2 03180